華志文化

華志文化

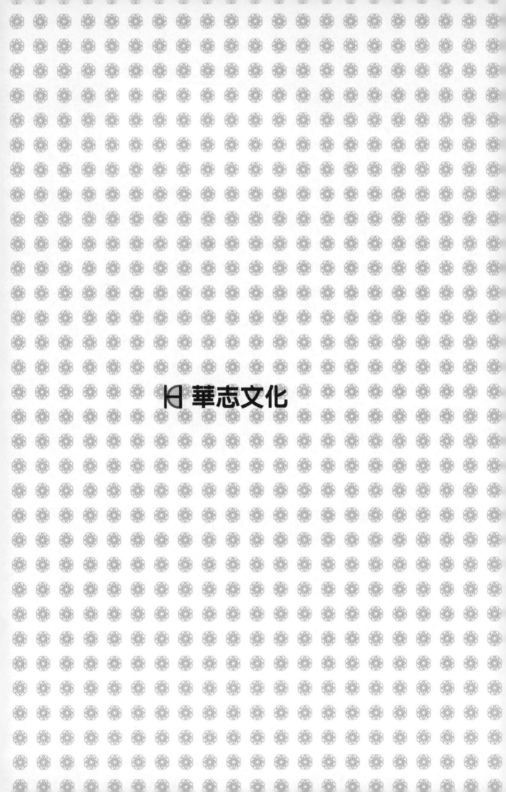

何震 著

# 不迷茫

內心晴朗，心就不在陰鬱中迷茫

## 找對人生方向的12堂心理課

白金版

199元

「同一件事，想得開是天堂，想不開是地獄。」
撫慰心靈的聖經，最有氣場的生活幸福寶典。

多少次搖擺，你才能長大成人，只要有目標和理想，一切都來得及。排除內心負面情緒，掌控人生正面能量，一本充滿希望寧靜智慧與自我突破的幸福書，讓你獲取心寧的純靜，精神的昇華。

# 前言：找對人生方向的12堂心理課

在這個世界上，每個人都有自己對身邊世界的不解，諸多的不解形成了內心對外界事物的困惑，繼而使自己缺少了把握事物應有的基本自信，逐漸形成了迷茫的情緒。

其實，迷茫的情緒大家都會遇到的，因為我們的生活就是由各種各樣的問題拼湊而成的，而在我們面臨的問題中，抉擇是一件很困難的事，這就很容易造成內心迷茫的情緒。比如：工作的迷茫、生活的迷茫、婚姻的迷茫。說到底，這一切都是生活送給我們的人生禮物——經歷。

人生有許多的困惑，大的困惑是我們為什麼會來到這個世界上，小的困惑是我們今天晚上要吃些什麼。我們為什麼會這樣糾結呢？其實，這源於我們內心深處的一個秘密。

心胸寬闊才能遇事不迷茫，將軍額頭能跑馬，宰相肚裡能撐船。大肚能容，容天下難容之事；慈顏常笑，笑天下可笑之人。

每個人都會遇到挫折，但不要因為一時受挫，而對自己的能力產生懷疑，應該保持頭腦清晰、勇敢面對、不要逃避。冷靜地分析整個事件，如果是自己存在的問題，就應該好好反省自己。

我們總是把自己偽裝得過於強大，無時無刻不在扮演著一個強大的角色，但是任何角色演多了，我們都會在其中陷入困惑。人們在困惑中感到害怕，在害怕中不斷後退，那些大家所認為的迷茫便成了生命中可怕的魔鬼，我們害怕它，所以開始猶豫不決。

越是害怕，也就越是沒有辦法看清真相，心中的困惑就會不斷地敲擊我們脆弱的神經。每個人都在無意識中慢慢地成長，任何人都是如此，但成長並不能減少內心的困惑，甚至會面臨更多的麻煩。於是，一些人在生活中迷失了方向，忘記了我們最初的目標，忘記了生活的意義是迎接困難、克服困難，快樂地成長、成熟。

生活中，大大小小的困惑把我們的世界圍了個水洩不通，於是有的人才會做出極端的事情，但你仔細想一想，理性地面對困惑，如果理清它，你將會收穫什麼呢？

是的，你會收穫成功！

# 前言

人的一生，是走在一條條未知的路上，這條路會有岔路口，也會有崎嶇小路，有些艱難險阻使你很難面對，但你必須勇往直前，只有闖過一個又一個關口，你才能見證精神力量的奇蹟。

有鑒於此，本書將從心理困惑的迷霧點滴入手，抽絲剝繭，為你一步步尋找生命中迷茫的原因，調適你的心靈，凝聚內心的力量，讀完汲取了這12個智慧課的精華，它將可以帶引你走出困惑的漩渦，迎接生命燦爛的陽光與旅途。

CONTENTS

## 上篇

## 你為什麼迷茫，迷茫就是遮蔽心靈的大霧

無論是在工作還是生活中，我們都會遇到被迷茫侵蝕的情況，它將使我們深陷於迷茫的迷宮，難以抽身。任何一個人都希望擺脫這種迷茫的屏障，但為什麼我們會越陷越深？

CONTENTS

PART 5

## 迷茫不容小覷，它是成功的最大阻礙



PART 6

## 認清自己，別迷失在別人的陰影裡

## 下篇

# 放逐迷茫，瑣碎的生活才能透出清晰的光亮

不要每天都把迷茫帶在身上，只有放下，你才能收穫一個全新的人生。放逐你的迷茫，仔細去想想，所有的不如意，都是你成功的最好證明。

PART 7

## 發現你自己，迷茫才無法封鎖你的心靈



PART 8

## 前行，標注未來的符號

CONTENTS

附錄：

## 心理定律：做好人際關係的人性法則／201

上篇

# 你為什麼迷茫，迷茫就是遮蔽心靈的大霧

無論是在工作還是生活中，我們都會遇到被迷茫侵蝕的情況，它將使我們深陷於迷茫的迷宮，難以抽身。任何一個人都希望擺脫這種迷茫的屏障，但為什麼我們越陷越深？

★在人生岔路上何去何從便成了我們人生中的一個重要問題

# PART 1

## 撥開你眼前迷茫的大霧

迷茫與否，在於你能否給自己的心靈點上一盞燈，如果你無法衝破阻礙，你的世界就會被一片焦灼所干擾。如果你能理清思路，勇敢地前進，你就會收穫衝破迷茫所帶來的欣喜。

## 01 迷茫一旦擴散，將籠罩一切

我們生活的世界如同一個巨大的迷宮，我們深陷於迷宮中，不斷尋找著適合自己的方向，不斷努力前行。我們一次次經歷著生活中的困惑，又一次次嘗試著衝破迷茫的屏障。

事實上，我們都有過被迷茫包圍的時候，迷茫如同一張大網，迅速將我們包裹在裡面，當我們試圖掙脫的時候，它會將我們越裹越緊。

我們在生活的迷宮中尋找希望，不斷找尋我們認為正確的一條路，並且不斷摸索著走下去。而我們往往會在這時候忽略真正屬於自己的幸福，我們在尋找幸福，卻總是迷失在幸福中，對於人生的目標也總是滿懷茫然。

正確的路，是屬於我們內心深處的，這條路的終點是幸福。我們不斷摸索前行，在這條路上跌跌撞撞，偶爾還會迷失自我，找不到正確的人生方向。這都是因為我們沒有一種面對生活中困惑的正確心態。

面對迷茫的時候，有些人會選擇理性地判斷，勇敢地前進；而有些人便會

陷入無盡的煩憂，從而止步不前。可以說，那些勇敢前進的人，最終都會衝破迷茫的阻礙，到達幸福的終點。

而那些對生活中的迷茫充滿恐懼、舉步不前的人，只會不斷地加劇內心迷茫的無助與恐懼感，從而被迷茫的消極情緒籠罩，最終無法自拔。

人生的美妙之處在於你永遠不知道未來將會發生什麼，既然不知道，所以在我們的心裡就會有無數種答案，其中就有一種最美好的答案，我們通常稱之為憧憬。擁有這份憧憬的人，便會產生更大的向前衝的力量，可是在「衝」的過程中也會有大大小小的麻煩產生，心裡也會有起起落落，有些人衝破了這種負面情緒的困擾，得到了憧憬的事物，有些人可能中途就停了下來。還有一種人是連憧憬都沒有的，渾渾噩噩地過著日子，沒有方向，沒有思考，更沒有動力，遇到一丁點事就茫然不知所措，經常被這種負面情緒綁架。

對未來的渴望與憧憬加上部分的迷茫，構成了我們短暫的一生。站在人生的岔路口，我們總會感到一陣陣難以言表的痛苦。當人生成為一道選擇題的時候，何去何從便成了我們人生中的一個重要問題。

其實生活是被繁雜包裹住的，很多時候當我們在選擇去哪所學校，做哪種工作，甚至是在選擇一條素雅的裙子和一條彩色的褲子時，我們都會產生矛盾心理。對這種矛盾心理難以克服時，我們就會產生一種失落感，迷茫的情緒就降臨了。

可以說，迷茫與你是如影隨形的，只是很多時候你沒有注意到。有的時候，迷茫會引出一系列的連帶關係。當你在選擇某所學校時，你迷茫了，於是你在混沌中去了一家你並不中意的學校，你在裡面渾渾噩噩地度過了人生最重要的時光。當你走上工作崗位時，你便會不斷懷疑自己的選擇是否正確，一旦你迷茫了，工作就會隨之受到影響，然後你的生活就會在一片迷茫中變得混亂異常。

這也許並不是你想要的結果，但你總覺得自己力不從心，然後更多的迷茫會將你包圍，迷茫不斷擴散，最後籠罩著你身邊的一切。

迷茫與否，在於你能否給自己的心靈點上一盞燈，如果你能理清思考，勇敢地前進，你就會收穫衝破迷茫所帶來的欣喜。

如果你無法衝破阻礙，你的世界就會被一片焦灼干擾。人生是一個迷宮，更是一場正在上映的戲，你人生中的快樂與悲苦都會在戲中得到展現。如果

你只看到面前的迷茫，感覺未來是一片灰濛濛的大霧，你就會發現，你要的都被迷霧裹挾，越想觸及就越是遙不可及。

## 02 眼睛迷失了方向，還是世界失去了光

大家都說眼睛是心靈的窗戶，事實上，眼睛更像是一個通向光明的路標，有了它，心靈才能找到方向。眼睛一旦迷失，心靈也將蒙上陰影。所以，眼睛是否明亮，在於心靈能否看得真切。

明亮的雙眼就好像一面鏡子，它可以告訴你，什麼樣的自己才是最美麗的。它也會告訴你，身邊的一切哪些才是真實的。

就像鏡子一樣，眼睛有時也會對我們說謊，眼睛很容易受到欺騙，同時也很容易欺騙我們的心靈。即便是我們生活在一個充滿謊言的世界中，我們也應該盡可能保持自己雙眼的清澈，因為雙眼的清澈就是心靈的純淨。

生活是由無數瑣事組成的，我們常常會被各種各樣的問題包圍，很難獲得心裡想要的安寧。在這種情況下，擁有明亮的雙眼和強大心靈的人，可能會用理智的方法化解紛擾的世事，而一旦你沮喪了、迷茫了，可能很快就會被籠罩在消極的情緒之中，難以脫身。

一對夫妻共同生活了七年，可是他們一直沒有屬於自己的孩子，他們的生

活也隨著時間的推移而變得索然無味。於是，生活中逐漸有了很多摩擦，他們開始相互埋怨，經常會吵得不可開交。

丈夫總是責怪妻子沒能給自己生個一兒半女，而妻子則總會責怪丈夫的無能。兩個人就這樣相互埋怨著，誰都不肯退讓。

終於有一天，丈夫身邊出現了一個十足的美女小微，她青春活潑，長得清秀可愛，丈夫沉浸其中無法自拔。他們保持著若即若離的關係，而丈夫認為小微是老天賜給自己的禮物。

他越來越覺得家裡的那個「黃臉婆」配不上自己，開始逐漸冷落妻子，然而正在這時候，他的妻子懷孕了……

原本，這應該是一件可喜可賀的事情，夫妻倆多年來的願望終於實現了，但當妻子將這個消息告訴丈夫的時候，丈夫卻沒有表現出一點兒興奮，甚至變得有些焦慮，最後在妻子懷孕兩個月的時候，丈夫向妻子提出了離婚。

妻子很傷心，她實在是不懂，自己到底做錯了什麼，她踏踏實實地守著這個家，到頭來卻換來一張離婚協議書。由於妻子懷孕，他們的婚沒有離成，但丈夫將這一切都歸咎到了妻子的頭上，他開始打罵妻子，而妻子感覺眼前這個和自己相依七年的男人變了，最後她問出了真相，知道了小微的存在，也知道眼前這個男人——她孩子的父親，根本就不愛自己了。

於是，妻子經過深思熟慮，終於做了人工流產，和丈夫離了婚。丈夫則欣喜地重新組建了家庭，當然他的新婚妻子是小微。

令他沒有想到的是，離婚後前妻就再也沒有出現過，他覺得有些慶幸，他認為自己撿到了一個天大的便宜。

而他再婚後的生活，卻沒有之前設想得那麼美好。先是他得知了小微為了保持身材，根本就不準備要小孩，後又知道小微的人際關係複雜。小微注重生活享受，而他又給不了她想要的生活，兩個人的矛盾日益突出。

終於，他又一次離了婚。這段短暫的婚姻讓他看到了前妻身上的優點，他開始拚命去尋找前妻，但當他再見到前妻時，她已經有了屬於自己的家庭，她不再是那個和自己在一起苦苦煎熬的黃臉婆，他甚至覺得她有些陌生。

他並不知道，一個人決定轉身，到底是要付出多少。他沒有看到前妻整夜失眠痛哭，更不會知道，從沼澤裡爬出來，究竟需要經過怎樣的生死掙扎。

他只相信自己眼睛看到的，卻沒有用心去體會。小微的青春蒙蔽了他的雙

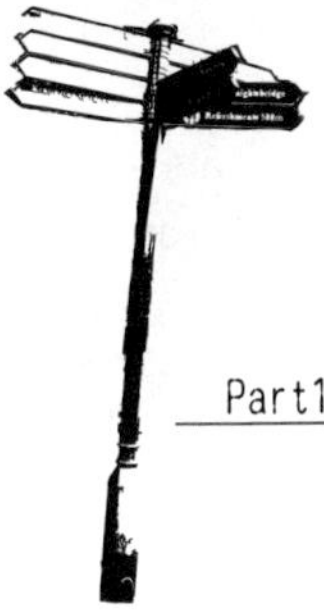



眼，他開始帶著有色眼鏡去看自己的妻子，卻沒有用心去發現，到底是誰給了妻子這樣的人生。

迷茫多半是來自內心對某些事物的準確判斷和認知，然而最能讓心變得迷茫的東西就是人的雙眼。

## 03 無盡的困惑是迷失的根源

也許對事物的質疑是人的一種天性吧，如果沒有這種質疑的能力，或許就會少了很多人類文明的創新和發展。我們從生下來就開始了不斷地質疑，小時候我們會問，我是從哪兒來的？隨著時間的推移，我們有了更多的質疑，也有了更多的困惑。我們開始思考自己的生活、工作、愛情，試圖撥開身邊的一切迷霧。

此時此刻，請你閉上眼睛想一想，你是否經常感覺身心疲憊？是否很久都沒有睡一個安穩覺了？眼前飄過的是否都是「綿長」的訂單，一遝遝的應收款？

現在大部分人都處於一種極度的身心分裂中，我們為了一份養家糊口的工作披星戴月，日夜奔忙；為了將來能過著更好的生活，透支著健康，忽略了家人親情……在各種壓力下，錯過了生命中最美好的部分。

其實，人生的追求總會讓我們產生困惑，偶爾我們也會問自己，是什麼讓我們失去了歡笑，自己的努力又是為了什麼，而這一個個問題，最終成了我

們迷失的根源。

每個人都有不同於他人的困惑。有些人會被日常瑣事困擾，覺得痛苦如影隨形；而有些人已經把痛苦當作人生的一個部分，他們認為自己的痛苦是別人無法理解的，所以他們平添了許多的困惑。

事實上，對於「我們應不應該為了生活而感到困惑」這樣的問題，是根本沒有意義的！

一個年輕人，在他出生時父母便將他遺棄了，他在村子裡孤苦伶仃。他渴望父愛，渴望母愛，卻從來沒有得到過。

年輕人雖然沒有父母，可是他擁有一顆水晶般純潔的心。從十歲開始，他每天早早起床幫村子裡的長輩挑水、種菜，有粗重工作時總能出現他的身影。

村子裡的人，開始時覺得很不好意思，可是隨著時間久了，大家逐漸將他的付出淡化了，多數村民甚至覺得，他的付出都是應該的。

從最初男孩主動去幫助村裡人工作，到後來村裡人對他呼來喝去，男孩越來越感覺身邊的冷氣凝結，這讓他有些無法呼吸。

但男孩一直保持著善良的心，不停地幫助村裡人，試圖讓內心的溫暖融化周圍的寒冷。他依舊在村子裡做著痛苦又累的工作，但他心中的疑問也越來越多。有的時候他想問自己，為什麼要堅持下去，有時候他又想問自己，是什麼讓自己堅持下去，但最終在夜深人靜時只有他的呼吸聲回應自己，沒人能幫他解答心中的疑問，也沒人能懂他的困惑。

男孩又長大了一些，他開始瞭解到人情的冷暖，但他絲毫沒有感受到村民對自己的溫暖。終於有一天，他不再去幫村裡人工作了，但大家習慣了他的出現和付出，他不在的時候村裡人都覺得不舒服，這讓大家意識到了他的重要性，但眾人又都不好意思去求他工作。

男孩因為成長，平添了許多困惑，這些困惑也給自己帶來了一定的影響，這種影響伴隨他很久，最終他聽從了內心的聲音，也感受到村民對自己內心的呼喚，於是他很快就像一條船找到了航線一樣，又回到了村民身邊。

困惑能讓一個人對世界望而卻步，也能讓一個人對人生失去信心。這個男孩也是一樣，原本他對生活有許多困惑，但在困惑解開後他找到了屬於自己的方向。

對我們來說，這種覺悟是尤為難能可貴的。

## 04 別讓痛苦的經歷，遮擋發現快樂的雙眼

有位哲學家曾經說過，每個人都與快樂相隔一道門，如果你沒有辦法打開這道門，那麼你永遠與快樂一門之隔。一旦你打開這道門，你就會發現有更多的美好在等著你去發現。

大多數人的生活中並不缺少痛苦的經歷，但最重要的是經歷痛苦過後，能否找到一個讓自己不痛苦的理由。如果你總是感覺自己的身邊充滿了痛苦，快樂總是飄忽不定，那就說明消極情緒蒙蔽了你發現快樂的雙眼。

有一個可憐的男孩，他的父親在他出生前幾天失足掉進了萬丈懸崖。同年村子裡發生了火災，百餘人喪生。村裡人都覺得他是一個不祥之人，災星，是他的出現給村裡人帶來了災難。

此後，他與他的母親便受著村裡人的指指點點，他不知道這是為什麼，他感覺自己很無辜。村裡人排擠他，他走到哪裡，都會有人朝他吐口水，有時候一些頑皮的孩子還會朝他扔石子。有一次，他被同村一個孩子扔的石子打傷了，鮮血順著他的額頭流下來，他哭著跑回了家。

他問母親，這是為什麼？母親一邊幫他擦傷口，一邊對他說：「這世界上很多事情是沒有為什麼的！它們發生得沒有道理，卻要牽連到很多人的身上。他們的雙眼被迷霧蒙蔽，看不到所謂的善。」

男孩問母親：「那為什麼他們看不到善呢？」

「那是因為，他們的心靈向善的門關上了，而你要做的是，去幫他們打開這道門。」母親對他說。

男孩想了想，問：「那我該怎樣幫他們打開這道門呢？」

母親意味深長地對他說：「等你長大就明白了，你要答應我，不要恨他們，要用心去幫助他們。」

男孩聽後點了點頭。

第二天，同村的村民李大伯在山上扭傷了腳，男孩主動要求背李大伯下山，李大伯卻猶猶豫豫地不肯上去。男孩見李大伯為難，便對李大伯說：「我知道您怕我連累您，但是，再這樣等下去，天就要黑了，如果天黑前還沒有下山，我們很可能會凍死在這裡。」李大伯聽後還是搖了搖頭，男孩只好強硬地背起了他，一路小跑下了山。

李大伯被送到家後，大家發現男孩身上被李大伯抓出了血印，但大家並沒有對男孩表示同情，他們認為男孩一定會給李大伯帶來災難的。只有李大伯向男孩投去了感謝的目光，男孩高興地跑回了家。

母親告訴他，這是個很好的開始，因為李大伯已經打開了心門，只要男孩堅持以善待人，大家都會改變對他的看法。

男孩一下子明白了母親所說的「善」，也明白了這世界上有一種東西能打開自己和別人封閉的內心，這種東西就是「善」，也是人心中最純淨、最純樸的東西。

果然，幾年後大家對男孩的看法改變了，更讓男孩想不到的是，在競選村長的名單上竟然出現了自己的名字。

人生總會有很多不如意，多數人在遇到不如意的事時，會選擇封閉自己，而有些人會選擇坦然面對。如果你想要幸福，後者才是最好的方式。因為如果你一直封閉自己的內心，那些不快樂就得不到釋放，它們會壓抑你的心，成為你快樂的累贅。反之，如果你能敞開心扉，更多的陽光會照射進來，引領你走向光明。

★如果不能做自己，哪怕擁有再多別人渴望的東西，也會不滿足。

# PART 2

## 你的迷茫來源於何處

有些事情是我們無法控制的，有時候想躲也躲不過，比如：疾病、災害、外部環境等，但是有一件事你可以做，那就是順其自然，別將沉重的事情想得更沉重，用輕鬆的姿態迎接命運的挑戰。一位哲人說：「同一件事，想得開是天堂，想不開是地獄。」既然如此，那麼又何苦為難自己呢？

## 01 將沉重的事情看輕，心就不會迷茫

人的眼睛除了能分辨事物的顏色、形狀等，最值得一提的是它能辨明真偽，能告訴你的心靈，什麼是對，什麼是錯。

說起來，眼睛是最容易受到迷茫之霧遮蔽的，眼睛一旦被遮蔽，你就會發現，很多生活中的美都會逐漸離你遠去。我們不斷強調眼睛的重要性，但最不應忽視的是心對於情緒變化的重要性。

人生能有多少個春秋讓你去體驗生命的可貴，而對於生命的價值來說，每個人都有不一樣的領悟，生命的可貴無非就是三種：一種是物質的可貴，一種是心靈的可貴，還有一種就是情緒的可貴。我們無法拋棄其中任何一種，就像我們沒有辦法拋棄情緒一樣，因為情緒的喪失會使我們失去人生的樂趣。而物質上的缺失也會造成我們心靈的痛楚，這三種價值奠定了我們生活和諧的基礎。

對於先天失明的人來說，他們看不到人世間的一切，他們生活在自己的幻想世界中，但樂趣並沒有因此而減少。還有些人，他們雖有明亮的眼睛，卻

無時無刻不被困惑包圍著，他們不斷地在人世間尋找樂趣，卻總是失望而歸。因為看見的多了，所要面對的問題也多了。

一個年過半百的老人，剛剛失去相依半生的老伴，又被檢查出患有癌症，老人非常絕望，每天看著醫生開出的病歷發呆流淚。

一天下午，老人依舊坐在沙發上獨自傷心，後來竟然動了自殺的念頭，還好老人的兒子及時發現，才避免了一場悲劇的發生。

幾天後，兒子給老人報了一個旅行團，讓他去散散心。老人很不情願地隨團出發了，一路上老人原本還隨身帶著的那張病歷，輾轉了幾站後竟然不見了。病歷已經丟了，老人便不再去想自己生病的事情，久而久之竟然忘記了這件事。回到家後，老人心情大好，之前悲傷的情緒一去不復返了。

你或許會認為老人的做法是在逃避，但我們不得不承認，對於某些事，暫時的逃避或許才是最好的解決辦法。眼睛是一個神奇的東西，它能讓我們看到人生美好的一面，自然也會讓我們看到人生醜陋的一面，它更像是一面鏡子，在幫你看清自己的同時，也讓你輕易分辨了美醜。

不去看，或許世界會更美，如果你沒有了分辨好壞的能力，你只需要將自己的眼睛閉上，用心去感受，或許你會收穫得更多。

很顯然，如果一心只想著消極的結果，會讓自己陷入消極情緒之中，老人丟失了病歷，同時也扔掉了心裡的負擔。所以，有時候痛苦也是因眼睛所見、內心所想的結果。要想拋棄痛苦，就應該學會丟棄眼前所見的不快樂的事物。

有些事情是我們無法控制的，有時候想躲也躲不過，比如：疾病、災害、外部環境等，但是有一件事你可以做，那就是順其自然，別將沉重的事情想得更沉重，用輕鬆的姿態迎接命運的挑戰。

## 02 哪種迷茫才是屬於你的痛苦

人們對迷茫的理解，多數來說都是字面上的，大家以為迷茫和迷失一樣，但事實上迷茫又不完全等於迷失。

迷失是完全失去方向，已經沒有了方向；而迷茫則不完全是這樣的，迷茫是正處於迷途的前期，還未完全走向迷失，這時候是偏向於選擇的定義。

一個人站在十字路口，如果他已經選擇了錯誤的路，那他就是迷失，而如果一個人站在十字路口前不知如何選擇，那他就可以被稱作是迷茫。可以說，迷茫只是人與瑣事的某種聯繫，而當我們進行了選擇後，所面對的就不再是單純的迷茫。

此時，有人會問了，既然迷茫和迷失不一樣，那迷失和迷茫所要承擔的痛苦就是截然不同的。人生是一次探險，苦辣酸甜都是人生的必需品。而在這場探險中，你會有很多不同的體會，如果你失去了財富，這次旅行你將會不斷掙扎，品嘗貧窮帶來的痛苦。如果你失去了健康，你就要和病魔做一系列鬥爭，同時會有更多的痛苦出現。

在這個世界上有很多東西值得我們去追求。但是，當你奔走在追求的路上時，千萬不要和自己過不去，要按照自己的意志去做你想做的事、愛你想愛的人、成就你想要的事業，這樣的人生才不會留下太多的遺憾。

我們雖然沒有能力拒絕所有的不幸和悲哀。人生是豐富多彩而艱難曲折的；生活是美好而沉重的。成敗榮辱、苦樂憂歡、坦途坎坷……對每個人都是一樣。馬克・吐溫說得好：「誰沒有蘸著眼淚吃過麵包，誰就不懂得什麼叫生活！」

**真正精彩的人生，是黑白交錯、互相滲透的。**

別跟自己過不去，我們應該感謝生命、珍惜生命。人生旅途，應該為他人、為社會、為自己盡些力，讓別人覺得你不是可有可無的人，你的生命才有意義。

**是的，人的一生就是金額早已填好的支票，就看你怎麼去使用。痛苦是一生，快樂也是一生；有為是一生，無為也是一生。**

不少人會說起，自己在做錯事的時候經常反覆地自責：我怎麼那麼笨？當時要是細心一點兒就好了，或者說：「我真該死，這樣的錯怎能讓它發生？」

犯錯對任何人而言，都不是一件愉快的事情。一個人遭受打擊的時候，難免會在那一段灰色的日子裡覺得自己像拳擊場上失敗的選手，被那重重的一拳擊倒，頭昏眼花、滿耳都是觀眾的嘲笑。那時，你會覺得已經沒有力氣爬起來了，但是你會爬起來的，不管是在裁判數到十之前還是之後，而且你還會慢慢恢復體力，你的眼睛會再睜開，看到光明的前途。

我們雖然是平常的人，但不代表我們就該忍受折磨。我們唯一能做的是正視生活本身，在經歷中不斷學習，以確保未來不再發生憾事。接下來，我們應該獲得寬恕，然後忘了它，繼續向前行進。

任何事情都有一個屬於它自己的限度，超越這個限度，也許很多原本美好的事就會變得極其荒謬。我們應時常肯定自己，盡力發揮我們能夠施展的東西！只要盡心盡力，只要積極地朝著更高的目標邁進，我們就能保持向上的動力。

人的一生會犯很多次錯誤，要是對每一件事都深深自責，一輩子都會背著一大袋的罪惡感生活，你還能奢望自己走多遠嗎？

所以，凡事不要苛求自己。要知道，每個人都有或多或少的缺陷，世界上沒有完美的人，每個人也都會遇到這樣或那樣的困難。這樣想不是為自己開脫，而是使心靈不被擠壓得支離破碎，永遠保持對生活的美好期待和執著追求。要知道，生活中沒有完美的事。

**記得一位哲人說：「同一件事，想得開是天堂，想不開是地獄。」既然如此，那又何苦為難自己呢？**

## 03 活在當下，迷茫源自內心

不知道從什麼時候起，大家習慣將「迷茫」掛在嘴邊，上學的人迷茫，上班的人也迷茫，小孩子迷茫，老年人也迷茫，好像所有的人都迷茫。

為什麼人們都深陷於迷茫之中呢？說得簡單點，就是人們所追求的東西越來越多了，而因此帶來的煩惱也多了，面對各種各樣的取捨選擇，迷茫的心理是在所難免的。

那麼，想要知道你的迷茫來自何處，就不得不去仔細思考一下，你到底有什麼樣的煩惱。

當我們還是一個小孩子的時候，上學會擔心自己的學習成績，對未來的升學也有很多迷茫；長大了，我們終於可以不用再面對考試和成績，但工作的壓力和生活的壓力又悄然襲來；終於到了該享受天倫之樂的時候，卻還得為下一代繼續操心……

迷茫到底為什麼總是伴隨著我們呢？

其實，這都是我們對未來的希冀過高引起的。對未來的期望越大，往往所

要面對的失望就越大……

如果生活一味保持平緩，那麼我們就看不到所謂的成功或者失敗，我們心裡就會產生迷茫的情緒，這種情緒會一直伴隨我們。如果我們的生活突然有了改變，或者原來的生活軌跡被打亂，這時候我們會有一種全新的感覺，但對未來還是迷茫的。

都說「傻人有傻福」，人單純一點，往往生活中的很多問題反而會迎刃而解。如果總是在生活中與人斤斤計較，或者對別人的生活羨慕嫉妒，那麼生活的壓力就會在比較中增加，一些人甚至會對自己的生活產生一種不安的情緒，之所以說迷茫源於內心，正是如此。

**活在當下，我們必須學會調整自己的情緒，一旦被負面情緒遮蔽了雙眼，我們往往會對面前的路感到迷茫。**

有的人不明白，為什麼別人總是不理解自己，大家處於一種說不清、道不明的狀態，但自己做的似乎又都是對的。

其實，說得簡單一些，這就是人與人之間性格的差異造成的影響。思想複雜的人對一件事情的看法往往是多重的、複雜的，而思想單一的人則對生活

的看法是簡單的，不會有過多複雜的捆綁，自然也會輕鬆不少。

當下的我們，有太多的複雜的問題需要理清，生活中我們要為一家人的生計奔波，早出晚歸，為了自己的夢想、為了家人的生活而忙忙碌碌。工作中，我們要打起十二分的精神，去面對所有複雜的工作以及上司的器重。

我們應該明白，迷茫都是我們內心深處體現出來的，很多人都困惑為什麼平時的自己並不迷茫，可是當身邊有人感覺迷茫時，自己也會有同感，是不是迷茫也會傳染呢？

其實，迷茫就等於是一種負面的情緒，這種情緒很容易波及身邊的人，如果有人總是對別人說，自己是迷茫的，那他身邊的人就同樣會對生活感到迷茫，所以想要徹底斷絕所謂的迷茫，就要先從身邊的人開始，幫別人走出迷茫，才能保證自己不會陷入迷茫。

所以，對於迷茫，我們應該有一顆單純的心，然後去幫助身邊迷茫的人。不要將生活瑣事看得太重。要相信，總有一天生活的迷茫都會消散，時間會給你留下一條清晰的路。

## 04 該如何找到自己的人生方向

你是一個容易受到別人影響的人嗎？說到這個問題，你就要好好考慮一下自己的人生方向了，你是不是還在沒有主見地聽別人的話？是不是別人做什麼，你都會對其充滿信心，一到自己做，就變成了無頭蒼蠅呢？

如果你覺得自身存在這樣的情況，說明你還沒有找到屬於自己的人生方向，或者說你還不夠堅定。說起來，不同的人迷茫的原因不同，即使是同一個人，迷茫的原因可能也是各種各樣的。其中，對人生方向感到迷茫的人，所占的比例要比其他情況大得多。

有三個年輕人一起日夜兼程地趕路。有一天夜晚，他們走到了一個遍佈石頭的山岡。這時，山岡上一個老頭說：「腳下的石頭，撿一些帶上吧，會有用的！」其中一個年輕人聽了，心想：「破石頭有什麼可用的，再說石頭那麼沉，我還要趕路帶著它，這豈不是折磨自己嗎？」於是，他頭也沒低一下，徑直朝前趕路；另一個年輕人稍微思索了一下，心想：「就帶一小塊吧，反正也沒有多大的影響。」於是，他順便撿起一塊很小的石頭裝進背包；第三

個年輕人聽老人這麼說，心想他肯定說得有道理，於是，他撿了好幾塊大石頭裝進背包，三個年輕人繼續趕路。又走了一段路，沒帶石頭的年輕人體力十足地嘲笑起兩個同伴：「真是傻瓜啊，竟然背著石頭趕路，你看我多麼輕鬆！」只拿了一塊小石頭的同伴聽他這麼說，趕緊從背包裡取出石頭扔掉了。只有第三個年輕人沒聽他的話，依然背著石頭，大汗淋漓地跟著他們繼續趕路。第二天天亮了，他們坐下休息，當那個背著石頭的同伴打開背包時，他們都驚呆了，哇！原來背包裡全是寶石。另兩個同伴氣得捶胸頓足，恨自己當初怎麼不聽老者的話，而那個只撿了一塊石頭半途卻扔掉的同伴更是埋怨起沒撿石頭的同伴：「都怪你，要不是你瞎燥鼓動，我至少現在還有一塊寶石，可現在和你一樣兩手空空，什麼都沒有了。」

無論是在工作還是在生活中，我們都經常能聽到這樣的話：「早知道是這樣，我當初一定……」有句俗語說得好，這個世界上沒有賣後悔藥的。時間豈能是說回頭就能回頭的，過去的事再怎麼後悔，最終也都回不去了。你如果後悔，就只能一輩子背著沉沉的遺憾與後悔同行。

早知如此，何必當初，這句話幾乎縈繞在我們每個人的心頭。人們用慣了這句話，雖然它只有簡簡單單的八個字，卻蘊含著極其深刻的人生道理。後悔、遺憾、自責、埋怨，最終都於事無補。所有的一切都是有因果輪迴的，果皆由因而來，有什麼樣的因，就有什麼樣的果。你自己種下了果，就有無數個因去灌溉。你若對生活認真負責，命運一定會給你豐厚的回報；你若遊戲人生，命運同樣會和你開個天大的玩笑。

其實，很多事都有成與敗、好與壞、得與失，差別往往就在一念之間。你如果能真心面對生活，善於聽取別人的勸告，善於把握時機，如果你比別人的付出多，那麼一定會有更多的收穫。

還有人會在一件事情的結果不盡如人意的時候，說：「當初如果按照我說的去做就好了！」這就是典型的事後諸葛亮。要知道，我們任何人都沒有辦法預料一件事情的結果，事物的發展變化總會出現和自己預期不同的結果，當事情背向自己的主觀意願發展時，我們所能做的就是儘量採取挽救的方法和措施，朝更好的方向去努力。

# PART 3

## 不要讓恐懼的心理擋住前行的路

當你止步不前的時候，當你在維持現狀的時候，也許你身邊的人一個個都走向了成功，而你卻只能在自己的世界裡原地打轉。有個哲學家曾經說過，人生的可怕不是一夜之間白頭，而是走過了漫漫長路，最終你還是在起點打轉。對外界的逃避，是下意識的自我保護，我們一旦退縮，眼前的一切將會隨之改變，此時成功也將與你無緣。

## 01 畏懼心理，加重了心中的迷茫

其實僅僅擁有找尋方向的眼睛，這還遠遠不夠，我們還需要應對迷茫的勇氣。

面對未來充滿迷霧崎嶇的小路，如果我們不能拿出足夠的勇氣，那麼眼前的一切就會變得困惑重重。

如果你的生活中，選擇很多，困惑很多，那麼你要知道，在困惑的背後很可能是柳暗花明。而你需要做出的選擇，只不過是拿到通向美好未來的鑰匙。

還有很多人，在遇到選擇時，往往會遮住自己眼前的光亮，在不斷對未來望而生畏的同時，錯過了向前尋找美好的機會。

有這樣一個問題，你和你的好朋友同時看中了一件玩具，你們都非常喜歡，但是玩具只有一件，你們不可能同時擁有。這時候，你會選擇放棄，讓給你的朋友，還是選擇與朋友爭奪，然後傷害彼此的感情呢？

也許這樣的問題算不上是艱難的選擇，很多人會認為當然是選擇讓給朋友了，但在通常情況下，很多人會選擇自己的喜好，維護自己的利益。

大家都知道的一句話：畢業就等於失業。一個女孩剛剛大學畢業，就有了這樣的想法。畢業前，她對畢業後的生活心懷美好的憧憬，但畢業後就只剩下迷茫了。

原因很簡單，她在找工作的時候屢屢碰壁，每次都是抱著希望去，帶著失望歸。更讓她感到無奈的是，老天爺似乎總是和她作對，每次她覺得自己有希望的時候，卻總是受到沉重的打擊。

一次次的失敗過後，女孩感覺非常失望，逐漸對面試產生了恐懼心理。此後，她很少去面試，整個人變得有些頹廢和自卑，甚至不願與人交往。

一年後，一家外資企業突然給她打來電話，但女孩想了想，最後拒絕了。她覺得，自己是不可能成功的，所以，為了避免再次失敗，她決定不去嘗試。然而，越是不敢去嘗試，就越讓她對周圍的一切感到更畏懼。

因為害怕失敗，她站在了迷茫的路口，不知道該往何處去。畏懼心理造成的迷茫，也許是我們所有人都遇到過的問題，只是程度不同罷了。細細想來，當我們退縮後，又經常會後悔，如果當時勇敢地向前再邁出一步，我們很可能會收穫不一樣的結果。

人都有一個屬於自己的奮鬥過程，沒有人能一步登天。當然，前進一步到底有多難，絕對不是我們可以想像的。

對外界的逃避，是下意識的自我保護，我們一旦退縮，眼前的一切將會隨之改變，此時成功也許將與你無緣。

## 02 害怕迷茫，你只能原地打轉

通常，人活著有兩種屬於自己的生活方式：一種是像草一樣活著，儘管你活著，每年都在成長，但是你畢竟只是一棵渺小的草，吸收了這個世界上的雨露和陽光，但是你卻沒有辦法長大，人們可以輕易踩踏你，很少有人會因為你的痛苦而痛苦，人們之所以不會因為你被踩而憐憫你，是因為人們本來就沒有看到你；另一種是像樹一樣成長，即使在幼年的時候什麼都不是，但只要你擁有樹的種子，即使被人踩到泥土裡，你依然可以破土生長，當你成為參天大樹，即使是再遙遠的地方，人們都能夠看到你，你的世界是一片青翠的綠色，能夠感染身邊的每個人，你也能成為這個世界上最美的風景。當然，這也是我們每一個人做人的標準和成長的標準。

這世界上的一切都有屬於自己的生命之線，就像每條河流都有自己的生命曲線一樣，但每一條河流也都有屬於自己的夢想，那就是用盡力氣奔向大海。我們的生命在很多時候就像泥沙，你慢慢給生命塑造了一個美好的形狀，卻經不起外力的輕輕一擊。人生可以如鋼鐵般強大，也可以在一秒鐘崩盤。所以，這個世界上有一種力量，我們稱之為「水的力量」。無論你的生命是怎樣的，你最終都會不斷去吸取力量，然後衝破障礙。如果困難的阻礙太大，而你又無法衝破的時候，你只能累積自己的厚度，當時機成熟時，你就可以奔騰入海，成就偉大的人生。

人生都是由喜劇和悲劇構成的。什麼是人生的喜劇？什麼又是人生的悲劇？這都沒有標準的答案。面對同一件事情的時候，我們通常會遇到兩種不同的結果，有的人會認為這是個喜劇，而有的人認為這是悲劇，也就是說，同一個問題，有人哭，也有人會笑。如果你擔心未來，你就不會向前走。

人類的世界有一個特設的精神家園，大家都讀過柳宗元的詩句：「千山鳥飛絕，萬徑人蹤滅。孤舟蓑笠翁，獨釣寒江雪。」如果心中沒有一個精神家園，在這種蕭瑟的環境裡又怎麼能「獨釣」呢？在某種價值觀看來，他應該早已投江自盡了。所以，有人才會煽情地說，中國的文人其實是很幸福的，往往他們得意的時候是儒家，失意的時候是道家，到了絕望的時候就是佛家。也就是說儒家是治國的，道家是修身的，佛家是修心的。

如果你對生活害怕迷茫，遲遲不敢拾階而上，不去演繹人生的悲喜，你的

人生就不會是完美的。我們都有或多或少的迷茫，因為害怕，我們會止步不前，當然這是阻礙我們成功的主要因素，也是讓我們在迷茫中迷失的重要因素。

人生有得意和失意，得意的時候千萬不要忘形，失意的時候也要能想得開，想不通的時候可以發發牢騷，但退一步也會有海闊天空的感覺。也許人生的比上不足、比下有餘，就是一件值得驕傲的事情。

害怕迷茫，你的世界只能在原地打轉。當你止步不前的時候，當你維持現狀的時候，也許你身邊的人一個個都走向了成功，而你卻越落越遠。

**有位哲學家曾經說過，人生的可怕不是一夜之間白頭，而是走過了漫漫長路，最終你卻還在起點打轉。**

## 03 迷失現在，你將失去眼前的幸福

有的人，遇到事情就習慣去問別人，你知道我的痛苦嗎？我的不幸你能感同身受嗎？其實，每個人的路都是自己走出來的，你走得累不累，只有你的腳知道。

每個人的眼淚都得自己擦，苦不苦，只有自己的心知道。對於感情的傷痛和迷茫，走過年輕歲月的人們都曾有過，很多的時候傷痛都是我們自己的，不是所有的傷痛都能說得清，不是所有的委屈都能傾訴，想通了也就釋然了。不言不語，不是不說，只是不想說；無聲無息，不是無心，只是沒人能懂。強求的感情是最傷人的，挽留的愛是最痛心的，其實沒必要在乎太多，因為值得或者不值得，都是人生最好的經歷。

**人生的路，悲喜都是自己選擇的；生活的苦與累實際上也都需要自己去承受。腳下的路，不會有人替你做決定。**

心中的傷，也不會有人去替你撫平。堅強才能卸下痛苦，如果自己不堅強，你的悲傷對任何人來說，都是無關痛癢的。經歷了人世間的苦痛，你是

否學會了自我拯救呢？其實，人生就是一種享受，痛苦也好，快樂也好，不過是一場經歷，或是一次懂得。

是人，就都會被各種各樣的感情包圍，人生最痛苦的事情莫過於動了心，人生最絕望的源頭莫過於傷了情。是情，就會牽心牽肺，難免刻骨銘心。為了很多人傾心，卻不見得每顆真心都能動情。世界上有多少相見恨晚，一段感情如果沒有結果，最終只會消失；無法擁有的，最終會遠離。

心若近，天涯海角都是相依；心若遠，終日相聚也無法會意。緣分是天註定的，感情需要兩個人的真誠和真心去維護。當一個人被誤解時，有的人會選擇用盡全力去解釋，而有的人會選擇沉默。其實，這時候你不去解釋也無所謂，因為不懂你的人不需要去解釋。就算你解釋了，他們也未必會相信你，就算你被人相信了，也不見得每個人都能站在你這邊。被人誤解時，難過是難免的。

所以，你更不必去辯解，因為即使辯解也沒有結果，清者自清，濁者自濁。是是非非並不是都能理得清的，不是所有的付出都能有收穫。與其無法言說，不如一笑而過；與其無法釋懷，不如安然自若。路是自己的，夢也是自己的，真沒必要去用別人的地圖找自己的征途！

然而，每個人都有一行熱淚，再怎麼苦也要自己面對，因為你想要的堅強，只有你自己才能給；每個人都有許多無言的傷，這些傷，如果你一直放在心裡，你一定不會逃出來，你身處痛苦之中，再痛也要承受，因為痛過後的成長。人生旅途，總有些期待不能如願，總有些渴望不能實現。

**人生，就是一邊擁有，一邊失去；一邊選擇，一邊放棄。**

人生是一場跋涉，如果走久了，你就會知道這一路上的辛苦和心酸，就能明白艱難和堅韌才是你最需要擁有的。不管前方的路有多遠，不管一路要歷經多少顛簸，但腳步依然，追求依然，方向依然，不要在迷茫中徘徊，不要在迷茫中駐足。

人生幾何，總有些障礙需要跨越，總有些責任需要承擔，人只有不斷跌倒，才能有新的收穫與懂得；勇敢面對多變的風雨，才能有不斷的歷練與頑強。一路走來，不能選擇的是放棄的路，不能拒絕的是成長的路。

## 04 迷失未來，你將失去前行的動力

在情感的世界裡，男人對女人的望而卻步，往往不是對方太過美麗和富有，就是其他方面的差距太大。當一個男人願意把自己的財富拿出來吸引女人時，而一些女人則願意把自己的容貌作為靠近男人的手段，這樣的過程讓人們逐漸變得不理智，男人與女人也開始了相互懷疑。另一些男人卻總害怕女人看上的僅僅是自己的錢包，女人則害怕男人跟自己在一起僅僅是因為美貌。

他們各有各的擔心，就好像男人怕破產，女人怕破相。這樣的擔心便塑造了一個個脆弱的個體，時光易逝，容顏易改，誰又能保證自己幾十年後容顏依舊美麗呢？可是，這僅僅是女人們的擔心，大部分男人倒還好，因為財富是隨著時間累積的，財富越積越多，男人的恐懼便越來越小。事實上，時間帶來的恐懼感使女人焦慮不安，她們對容貌的憂慮，遠遠高於男人對財富的憂懼。

**總有人會講這樣的故事，一個窮小子假扮富豪和一個女孩戀愛，還有一個**

富豪假扮窮小子和女孩談戀愛，你認為哪種戀愛才能長久呢？而一個醜女假扮美女和一個男孩談戀愛，或者一個美女假扮醜女和男孩談戀愛，哪種又能長久呢？實際上，這兩個問題是在告訴我們，這個世界上並沒有誰更高一籌，只有誰更現實。

關於情感歸宿的迷茫，不過就是如此。而當男人覺得女人太漂亮，自己追不上時，女人們卻在擔心男人只在乎自己的容顏。容顏沒了，對女人來說才是真的一敗塗地。男人們卻錯誤地認為自己的失敗是因為不如別人有錢。換句話說，只要他是個有錢人，他就覺得自己有資格擁有這一切，能夠享有這份美色，能夠掌控這份感情。男人的世界裡，似乎英雄配美女才是理所當然。

但現實卻往往與我們的期望大相徑庭，這個世界上披著黃馬褂的人，不一定就是蓋世英雄，一個人是否優秀，不是看表面，而是看內在，只有由內而外的修養，才是真正的優秀。

在這個世界上，有很多東西，只要你想要，只要你肯動手，只要你肯思考，有朝一日你定能擁有。但有些東西卻不是你想努力就能得到的，比如感情，並不是你想努力就能擁有的。這需要一點機緣，時機對了，你就能遇到那個對你來說是比較正確的人了。觀念影響選擇，選擇組成生活，感情普遍發生在思維裡，思維有多廣就能收穫多大的成就。

**不要以為生得漂亮，你就能肆無忌憚地讓全世界都圍著自己轉，也不要因為自己暫時的財富，就認為自己可以擁有整個世界。**

放好心態，不畏將來，不念過往，抓住當下的美好，提升內在的修養。也許你不夠漂亮，但你擁有一顆善良的心；也許你還不夠成功，但你有不懈追求的信念；也許你還不夠富有，但你有勤勤懇懇、努力拼搏的進取之心。如此更好，何必陷入困惑的漩渦。

事實上，能憑藉自己的優點去解決問題，實現自己的夢想，這些問題就根本算不上什麼大問題。突破感情的瓶頸，首先要突破自己的思維，不妄自菲薄，亦不好高騖遠，真誠地對待自己、他人和身邊的人，你的魅力會在坦誠中綻放。

對你而言，你的觀念主宰了所有困擾自己的問題，任憑你的努力也無法改變的，往往是你的思想已預設好的藩籬將你擋在了外面，無論你多麼想進去，但是此刻你已失去了前行的動力。

★世上沒有卑微的工作，只有卑微的工作態度！

# PART 4

## 不切實際的目標會讓你陷入迷茫

脆弱的心靈和不切實際的目標，往往會讓人盲目地陷入一種被動的追逐中。要學會運用正確的方法，緩解內心的壓力，讓自己的生活積極而充滿陽光，不讓壓力衝破內心承受的上限；也不能放縱自己，讓心迷了路。若心找不到方向，生活將會陷入萬劫不復的地獄。

## 01 脆弱的內心容易造成消極的心理

無論任何人，都會有一部分神經是脆弱的，所不同的是表現的程度不一樣。如果你恐懼或者擔心的事越多，你的內心就越來越敏感脆弱，嚴重的心理脆弱會導致情感的壓抑、人與人之間缺少溝通、懷疑別人的真誠、工作不順心、人際關係不協調等情況。所以，正確地處理內心深處的脆弱，能讓你更加勇敢，用勇敢的心態去面對，這是十分重要的。

儘管勇敢面對自己的內心是一件很重要的事，但是在認識它的重要性之前，你首先要認識到自己的脆弱之處，而且必須承認自己的內心有隱藏的脆弱。現代人生活在自我的面具之中，很少直接面對自己內心的脆弱。很多人都認為，如果你在別人面前公開了自己的脆弱之處，就會被別人認為是一個不折不扣的弱者，因此，大家不遺餘力地去偽裝，試圖將自己佯裝成一個能夠忍受一切的「強者」。

然而，這樣的生活不僅不會給我們帶來任何驚喜，反而讓我們感覺沉重，甚至疲憊至極。其實，承認自己的脆弱並不可怕，脆弱人皆有之，再強大的

人的胸口也可能藏著一顆玻璃心。許多成功者都曾公開訴說過自己的脆弱，他們不斷反省自己，承認自己某方面的脆弱，這樣才能更好地認識自己，才不會活得太沉重。

在面對他人的時候，我們常常會偽裝自己，讓自己成為一個別人眼中的毫無瑕疵的人，但人總歸是人，缺點和錯誤都是在所難免的，如果我們會突然出口傷人，或者不明事理，為了贏得別人的讚賞而掩飾自己的脆弱，通常的結果是，自己的脆弱成了失敗的導火線。犯錯誤時說句「我錯了」「我對剛才的氣話十分抱歉」「對不起，我心急了一些」等，都是頗具感染力的言辭，誰都不可能因為你承認了自己的錯誤而不尊重你。

你內心藏著一顆脆弱的心，於是你希望自己能夠明確地告訴別人，其實自己是一個堅強的人。雖然你看不到自己的內心，但它能悄悄地表現出來，如果它脆弱了，你遇事就會糾結，面對抉擇你會迷茫不已。如果你不敢努力拼搏一次，畏懼不前，怕被人認為是懦弱或無主見，這實在是糊塗。剖析自我，看見成長的自己，不斷塑造內心強大的自己，會使自己和他人更重視你，同時可以坦然地面對自己的不足。有句話說得好：知恥而後勇。坦露自己的不足也是清晰地認識自己、正確對待生活的方式。

如果你是一個誠實、坦蕩的人，那麼別人也會因此受到感動，對你敞開心扉。但是即便如此，還是會有很多人選擇關閉心門，「人若知我心，誰人與我和」，這句話是很多人惶惶不可終日的最好寫照。相反，你想要小心保護的那部分，越是真實地告訴別人，就越能引起別人的共鳴。這種樂意與他人分享深層情感的做法，具有無形的強大力量，治癒你消極被動的情緒。

人生路上，誰都不可能沒有壓力。誰能一生坦途？再有錢的富翁，也會有落寞的時候；再樂觀的人，也會有迷茫的時候。當感覺壓力大時，你能找到一個出口就很好。

對於在安逸的生活環境中成長起來的年輕人，他們大多數對人生之苦沒有較深的認識和理解，如果經受了生活的挫折與苦痛，就能更深刻地理解痛苦的滋味，它就像嵌入心裡的一顆圖釘，牢牢地扎在那裡。忍受得了，你就是強者；忍受不了，你就是弱者。

社會在不斷進步，人們的壓力也越來越大。不僅成人如此，就連成長中的孩子也要面對不小的壓力。有些消極的孩子會有不該來到這個世界的幼稚想

法，覺得自己不開心，對生活的迷茫從小就開始在內心滋生蔓延。

每個人的內心都是一個容器，它裝不了太多的東西。當然，它也抗不下過多的壓力，壓力過大，超過所能承受的極限時，就很容易爆裂。

因此，我們要學會運用正確的方法，緩解內心的壓力，讓自己的生活積極而充滿陽光，不讓壓力衝破內心承受的上限；也不能放縱自己，讓心迷了路。若心找不到方向，生活將會陷入萬劫不復的地獄。

## 02 活給自己看，盲目追趕會身陷迷茫

在人的一生裡，活得越長，經歷的磨難也就越多，但只要活著，就必須流血流汗，再累都要堅持下去，因為你活著並不是要給別人看的，而是為你自己而活的。但是，有很多人並不這樣理解，他們所理解的活著有兩種。

一種是給別人看，一種是給自己看。如果你活著是想給別人看，那你一定活得很累，活給別人看，你就必須承擔額外的壓力，因為你絕對不只是要活得下去而已，而是要活好，起碼要表演得像是活得很好一樣。

有的人失戀了，為了讓對方或者周圍的人看到自己比對方活得更好，就會下決心去做些什麼事，這樣的決定以及最後可能的成功會給內心帶來多少幸福呢？

一個男孩失戀了，他會說：「我一定要好好幹，出人頭地，找個更漂亮的，證明給她看！」一個女孩失戀了，她說：「我一定要嫁給富翁，找個比他更帥、更愛我的人！」實際上，這兩個人的說法都是為了讓對方後悔，但他們都忽略了自身的真情實感。從骨子裡來說，他們雖然對對方恨之入骨，

但不得不說，這一切都源於愛。既然兩個人已經分開了，你做什麼都與對方無關，好壞自知，無須為了別人而勞累自己，那叫做死要面子活受罪。

另外，你也不需要為了盲目追趕別人的腳步，讓自己承受巨大的生活負擔，這完全不是一筆值得交易的買賣。你何苦要與別人比房子、比收入、比車子、比孩子……要知道，人比人，會氣死人的。尺有所短，寸有所長，越比只會越煩。

你想要活給別人看，是你太容易被外界的氛圍感染的表現，你容易被他人的情緒左右。在人群中行走時，你總會感覺有無數雙眼睛在盯著你，擾亂你的心神；在平時的生活中，你總是猜疑別人是否在背後對你冷言冷語，漸漸地你的心被束縛在自己攪亂的一團亂麻中，再也看不清自己了。

**我們都是活給自己看的，並非給別人看！**

你想要活給別人看，你不希望別人對自己的評價是負評，你生氣身邊有人會看扁你，你憤怒有人對你的輕蔑，你還擊別人對你的傷害，但你要知道，你錯了，只要你的內心有了反應，外界所有的負面影響都對你產生了效果—負面效果。面對傷害和打擊最有效的辦法就是寬容和沉默。當侮辱失去了打擊的意義，任何一個發起攻擊的人都會反受到自己的傷害！滑稽可笑演著獨角戲的人，終究是那個居心叵測的小人，而你為了一口氣，幹嘛非要活得那麼辛苦呢？

所以，你要活給自己看！你要懂得非禮勿視，非禮勿聽。當別人看扁你的時候，你只是一聲冷笑，這樣沒有人會笑你懦弱，在微笑面前所有的侮辱都成了路邊犬吠。

活給自己看，不要把別人的評價看得太重。做人，能夠問心無愧，何必計較太多。無論人生路途多麼兇險，步履如何艱難，切勿被動地改變自己，唯有如此，你才有可能與眾不同。

一路上你走了多遠，都是屬於你自己的成功，你活給自己看，即使你是一路爬行，那也是戰勝了自己，沒有人會貶損你的成功，更沒有人會嘲笑你的努力。

活給自己看，就是心不要彷徨，也不要陷入迷茫，要有主見，只要你能淡化別人眼中的你，你就能找回迷失的自己。活給自己看，無論你活得是否有滋味，衡量的標準都不是外在的顯赫地位、名與利的擁有程度。總有一天你會明白，曾經的那些堅守，是你給人生的最好答案。透過自己的努力所得來的東西才是最有意義的，對別人的名利心癢眼熱一下，可以理解，也無可非議。但你要努力過充實的生活，這要比背負累贅的包袱生活要幸福得多。

在忙碌的追求中，給自己一個肯定的贊許，給自己一縷自信的陽光，溫暖自己，也燦爛明天的生活，將快樂的鑰匙握在自己的手裡、心裡和靈魂深處，迷茫將無處遁形。

## 03 不迷茫，勇敢跨過人生的一道道坎

生活在這個世界上，我們需要感謝的人和事很多，心存一份感恩，眾生才能獲得一份熱切的心情，生活將更加美好。每天睜開眼，第一縷陽光照進房間的時候，我們應該感謝它，是它在提醒我們，每天都有美好的事情發生，有神秘的驚喜在等待，因而我們感謝生命的美好，人生最精彩的還是活著。但生活又是艱辛、殘酷的，我們無法完全掌控生活的困苦喜樂，遇到的磨難也不會憑空消失。在這個世界上，我們每一個人都應該學會堅強，只有當你堅強地面對，你才能懷著必勝的信念去跨過人生旅途中出現的每一道障礙，以及大大小小的無數道坎，然後自信滿滿地交出一張張最令自己滿意的人生成績單！

無論你走了多遠的路，一路走來都不會是一帆風順，大大小小的坎坷不時會遇到。有的父母在孩子一出生時便給他鋪好了一生的路，即便這條路是已經相當平坦筆直的，你也要知道，這路上必然會有一些阻礙前進的小石子。我們每一個人，包括我們的父母、老師及所有偉人和成功者，都曾不可避免

地接受過失敗的洗禮。失敗是成功的必經之路，人生這條路上，失敗肯定不止一次，走向成功的道路上不僅隱藏著陷阱，而且有一道道坎需要曾經的他們、現在的我們去面對、去挑戰、去跨越！走了多遠的路，就要跨過多少「坎」，跨過這一道道坎，我們就會離成功的目的地更近了；跨過這一道道坎，或許成功還是遙遙無期，但倘若你臨陣退縮，因為膽怯或者惰性而故意逃避這些坎，那麼成功與你將永遠無緣！

「失敗的次數越多，成功對你的青睞就會越濃越烈。與成功擦肩而過的人們，缺少的東西並非是智慧和天賦，而是勇氣，決心面對壓力的承受力。成功往往是最後一分鐘前來訪問的客人。」然而，不幸的是，有太多的人正是在這「最後一分鐘」前選擇了放棄，選擇了逃避，沒有跨過這道坎的人根本就不會體驗到成功的喜悅，也不會感受到漫長的乾涸後那一縷絲絹般的清泉。

德國哲學家海德也曾說過：「春天不播種，夏天就不生長，秋天就不能收割，冬天就不能品嘗。」人的一生中，一直都是在播種，然後等待收穫，總有一些坎是必須跨過去的，這就像你在幼年播下的一顆顆希望的種子，透過你不斷地付出而茁壯成長，最終為你結出希望得到的果實。

在一個個偉大人物面前，我們可以清晰地看到，他們的失敗更是顯而易見的。在愛迪生的世界裡，找到鎢絲是他之前一次次失敗的累積，是他不斷跨過的坎鋪就的。而在貝多芬的世界裡，失聰便是他要跨過的坎。在運動比賽裡，一個個對手就是橫在面前的一道道坎，但是最終他們都成功了，正是那種不放棄的耐力和勇氣，使他們的世界一片輝煌。世界上成功的人遠遠不止這些，在我們的生活中也有千千萬萬的坎坷在等待我們，我們每個人都應該去跨過那道坎，都應該去追求一種屬於自己的成功。

在蹣跚學步時，我們曾經摔倒過無數次，卻明白摔倒了要自己爬起來的道理；等到再大一點時，我們因淘氣打壞別人的東西而被惡狠狠地教訓一頓，便知道了自己的過錯是要自己去彌補的；少年時，我們也許會遇到親人生病住院的事情，你明白了如何照顧親人，釋放自己的愛；參加大學考試時，我們第一次站在了人生的十字路口，做出了未來人生的第一個抉擇……

這一道道坎在現實生活中確實存在的，而這一道道坎也是我們必須要跨過的。人生彷彿是一場障礙賽，只不過生活中的跨欄是隨時會出現的，而不是預先設置的，但都需要我們一次次地跨過，一次次地穩步前進並到達終點。

## 04 目標往往會在多堅持一點後達到

我們有很多望而卻步的理想，有的人堅持下去了，有的人在原地徘徊，還有的人試都沒試就選擇放棄了。

**曾經有人說過這樣一段話：「在通往世界最高峰的道路上，我們的生理和心理極度疲勞，加之缺氧，容易讓某些人選擇放棄。當然，登上世界巔峰，你可知腳下邁過的土地裡曾經埋藏著無數遇難者的遺體。他們中的每一個人都是帶著夢想而來，卻在半路上付出了生命的代價。多向前邁一步可能被很多人視而不見，然而多邁這一步就決定著你的存亡。」你向前走了多遠，你就成功了多少次，因為高峰不會因為你的膽怯而消失，困難也不會因為你的恐懼而減少。**

「水滴石穿」「鐵杵磨成針」這樣的故事教育了古今無數的中國人。很多人聽後卻無法理解這到底是什麼意義，在歷史上，窮盡一生只做一件事情的故事簡直是數不勝數。曹雪芹用一生寫了一本《紅樓夢》，但就算是這樣的堅持，他也沒有給這本書寫下一個完整的結尾。所以，堅持下去，我們收穫的很可能不是成功，但不堅持下去，你就一定不能成功。當今，許多人都產生了種種急於求成的心態，恨不得在一夜之間做完需要很長時間才能做到的事情。這種心態源於我們耐心的缺失，由於沒有耐性，讓他們堅持完成一件長期工作是不可能的。

美國玫琳・凱化妝品公司的董事長玫琳・凱，在創業之初經歷了一次次的失敗，承受了種種痛苦，走了許多彎路。然而，她從來沒有因此而灰心、洩氣，終於成為一名大器晚成的化妝品行業的「皇后」。

二十世紀六〇年代初期，玫琳・凱已經到了退休的年齡，她選擇了退休回家，但是寂寞的退休生活讓她感覺索然無味。於是，經過一番深思熟慮後，她把自己一輩子積攢下來的五千美元作為自己的全部資本，選擇去冒一次險，創辦了玫琳・凱化妝品公司。為了支持母親實現自己的理想，她的兩個兒子也加入了母親的公司，他們雖然每個月只拿二百五十美元的月薪，但也要陪著母親背水一戰。

玫琳・凱知道，這是在進行一場人生的大冒險，弄不好，不僅自己一輩子辛辛苦苦的積蓄將血本無歸，而且可能葬送兩個兒子的美好前程。在創建公司後的第一次展銷會上，她隆重推出了一系列功效奇特的護膚品，按照她的設想，這次活動將引起化妝品行業的一次巨大轟動，一舉成功。但是「人算不如天算」，整個展銷會結束後，她的公司只賣出了二美元的護膚品。可以說這是一次最失敗的展銷會，當然，也是她人生的一次重大失敗，這次意想不到的殘酷失敗讓她失聲痛哭。她經過認真分析，終於悟出了一點：在展銷會上，她的公司從來沒有主動請別人來訂貨，她沒有向外發訂單，她天真地以為，美女們會主動上門來買東西，她以為自己的商品會成為女人們關注的焦點，卻忽略了那些來訂貨的下家。商場就是戰場，哭泣是解決不了問題的。

玫琳擦乾眼淚，從第一次失敗中站了起來，發誓不會讓自己再次倒下，始終堅持著自己的信念，在重視生產管理的同時，加強了銷售隊伍的建設。不久後，她就有了一個屬於自己的最佳銷售團隊。經過二十年的苦心經營，玫琳・凱化妝品公司由最初的九個雇員發展到現在的五千多個；由一個家庭公司發展成一個國際性的大公司，擁有一支二十萬人的行銷隊伍，年銷售額超過三億美元。不迷茫，讓她擁有了理性思維；堅持，讓她終於實現了自己的夢想。雖然在創業期間曾經不斷地在原地徘徊，但她還是認識到了這是一件

**好事，至少它能幫自己向前邁出最重要的一步。**

人人都有陷入困境的時候，結果就要看你是在困境中迷失，還是在困境中多堅持一會兒。成功當然屬於有耐心、能堅持的人。創業的道路上一定會遇到許多坎坷和麻煩，任何人都有可能失敗。不少人被失敗打倒後再也爬不起來，這才是真正的失敗。但是有人卻認為「失敗是成功之母」，不斷地堅持下去，最後成功了。

# PART 5

## 迷茫不容小覷，它是成功的最大阻礙

不管你的人生路上遇到多少阻礙，只要你內心不迷茫，能給自己找到一個堅持下去的理由，你就能找到走向成功的出口。很多時候，成功就是多堅持一分鐘，這一分鐘不放棄，下一分鐘就會有希望。所以，當你扛不住時就咬咬牙，再苦再累，只要堅持走下去，屬於你的風景終會出現。

## 01 不在恐懼中迷失，成功就在不遠處

事實上，即使是那些令人欽佩的有過豐功偉績的人，也都承認過自己經歷的失敗。上戰場時，你開了無數槍，但不是每一槍都能夠打得精準。正因為有過多次的失敗，才會得到更多的教訓；經過多次教訓後，你才能夠成熟起來。如果你害怕失敗，就永遠不能進步。誰都可能抱怨過，也會在失敗和不幸的漩渦中掙扎過。

不管做任何事，只要不陷入恐懼的情緒中，不輕言放棄，你都會再有成功的機會，不放棄的話，你還可能會有一絲成功的希望。但你就算有九分機會的成功，也最終敵不過那一分的努力。成功是很難的，只有一直懷有堅持的信念，不放棄，才能一步步走向成功。想要堅持，就必須心懷一種頑強的信念，否則再美好的憧憬，最終也將一事無成。

小的時候我們都聽過愚公移山的故事：「山神聽說，怕他挖山不止，就報告天帝，天帝為其誠心所動，便命人把山搬走了」，可是當長大後，我們卻把愚公的愚看作是真正的愚。我們把那些勤奮的人當成傻瓜，然後再看看自

己，雖然「不愚」，卻離成功很遠很遠。

很多人也都從這個故事裡得到了可笑的資訊，以為真的會有什麼山神來幫助那些渴望成功的人，但實際上，這個所謂的山神根本不會出現，出現的不過只是一種信念的幻影。

傳說有一個人在游泳時將一顆珍珠掉入海中，他發誓要找回這顆珠子，便用水桶把海水一桶一桶地提起倒到沙漠裡，海神也怕他把海水弄乾，趕快幫他找回了那顆珍珠。是堅持還是放棄，結果確實會存在天壤之別。但當你身邊的迷霧變成恐懼時，再怎樣努力，也都會在迷霧中迷失。

有些挫折是短暫的，每個人都可能被眼前短暫的挫折擊垮，成功和失敗的人都有屬於自己的「白日夢」。不過，失敗者只會抱著自己的夢想躺在家裡睡大覺，在美好的幻想中虛度時光，他們從來不付出努力，卻奢望著不可能的成功。而成功者則相反，當決心把自己的希望和抱負變成現實的時候，他們就會不斷地付出努力，即使遭遇挫折也仍然會堅持下去。

**失敗者總有理由拒絕自己受到傷害，成功者卻總有理由在跌倒後重新站起來。**

成功者總是年復一年地致力於某件事，以求找一條最正確、最實際的前進之路。

無論面對什麼情況，成功者都顯出創業的勇氣和堅持的毅力。人們會以一種無所畏懼的精神穩步追尋夢想，在困難面前泰然處之、堅定不移。這樣的堅定，也無疑是給那些意志不堅定的人一個響亮的耳光。

在失敗面前能夠充分相信自己的能力，能給自己鼓勵，這是成功人士共有的一種重要特質。有人說，成功需要厚臉皮，這一點都不是開玩笑，是告訴我們要有堅韌的心。

很多人總覺得成功的到來是遙不可及的，就算自己一不小心成功了，時間給我們的蹉跎也都是一個個考驗。有的人確實在努力，卻沒有獲得成功，還得忍受他人的嘲弄，但他們相信，最佳的時機就是現在，只要把握這一刻，成功就會很近很近。他們沒有陷入困境中，而是充分相信自己的能力，不管別人說什麼，他們都能丟下思想的包袱，懷抱信心與信念，執著地堅持著自己的夢想。

你也可以回顧一下過去的挫折，希望會在心中重新萌發。有時候，我們會因為挫折感太強烈而灰心喪氣。但是，這些挫折已經賦予你更多的智慧、更豐富的經驗和閱歷。也許有人會在你耳邊不停念叨著消極的語言，面對殘酷的現實，只要你心中有堅定的信念、有追求的勇氣，最終還是會獲得成功的。

## 02 不迷失本心，家是溫情的港灣

大多數人都容易犯這樣的錯誤：對最親近的人隨意發脾氣，卻恭維著那些不斷貶低自己、給自己帶來痛苦的人。通常來說，很多人對親人發了脾氣，事後都很懊悔，但下次還會如此。

究其原因，實際上是親人對自己的包容讓我們太放肆。假如對主管、同事等外人發脾氣，很可能會損害彼此的關係，而只有親人才允許我們一次次地放肆，因此，我們更應該注意平時的溝通中對待親人的方法。

而「親人」是比「外人」更穩固的一種關係，我們知道，即使你言行不當，他們也不會計較、不會記恨；即使你拿他們當出氣筒，也能獲得他們的寬容、理解、忍耐、體諒。在一般人看來這是對家人的一種不尊重，但實際上在潛意識裡也是對家人的過分看重和依賴。

家庭是一個相對安全、包容的環境，這和你在外面是完全相反的。在外受了委屈，我們會回家宣洩；在家裡受到的委屈，我們卻無法向外人傾吐半句。在這樣一個具有心理安全感的環境裡，我們就容易忘記怎樣好好說話，以致對家人使用嘲諷、歪曲、誇大、貶低的語言。

除此之外，我們對親近的人的心理預期太高，總會認為他們應該無條件支持自己，一旦碰到不順，就容易形成心理落差，感覺「別人不理解我也就罷了，怎麼你也不理解」，越想越生氣。但實際上，家人對自己的支持往往是不言而喻的。

尤其是一些年輕人，在遇到家庭問題的時候，往往會陷入迷茫的情緒中，覺得家人不夠體諒自己，而自己卻肆意地將外人施加的負面情緒轉嫁到了親人身上。有些做丈夫的可能在公司挨批了，或是被朋友「耍」了，有氣難消，卻找妻子的麻煩，這種事並非個案，他們沒有看到對方默默端來的一杯熱茶中包含的關心，反而把對方當作洩氣的出口，這樣怎能不讓妻子難過呢？

還有在自己一意孤行的情況下，當不耐煩地打斷父母善意的嘮叨時，你可曾看到老人無言地離開，在屋子裡悄悄傷懷。

不要迷失自己的本心，別把壞情緒轉嫁到親人身上，收斂自己粗暴的態度和無理的指責。試著從下面三個方面改變自己。

### ①換個角度看問題

人們都會有固執地認為自己是正確的時候，也會渴望別人都能接受自己的意見。當然，大家都應該能很好地站在別人的角度去考慮問題，想想他們的出發點是好的，學會理解他們。假如他們不停地嘮叨，可以選擇適當的方式表達自己的想法。告訴他們，你已經知道問題所在，讓他們相信你能解決好。

### ②讓親人把話說完

當一個人在氣頭上時，往往很難把話說清楚，因此，英國歷史學家帕金森和管理學家拉斯托姆吉，在合著的《知人善任》一書中說道：「發生爭吵，要讓別人把話說完，虛心誠懇地傾聽，這樣才能彼此交心，把事情說清楚。」再說，這樣可以避免傷害感情，何必讓氣氛尷尬、內心糾結呢？

### ③特別注意平息負面情緒

人在憤怒時會出現「意識狹窄」的現象，也就是傳說中的鑽牛角尖，當一個人死盯著負面資訊不放，認為別人都欠自己一個宇宙。在自己快要情緒失控之前，試著停下來不說話，或者離開現場，讓自己冷靜下來。

美國心理學家歐廉・尤里斯教授提出：人的聲音決定了自己的脾氣，試著降低自己的聲音，然後放慢語速，胸部向前挺直，能有效平息怒氣。

「忍得一時氣，免得百日憂。」記住，迷茫能讓你離身邊的人越來越遠，也能讓你在這個世界上舉步維艱。

## 03 谷底的勇氣是成功的最大動力

十年之前，他在一家不太景氣的國營企業上班。早些年，國營企業還是處於盈利狀態，大家都認為進入了國營企業就有了一個鐵飯碗。可是，沒幾年，企業虧損嚴重，他的薪資也減少了許多，即使是省吃儉用，日子依然過得十分窘困。數年來，他們一家三口擠在一間不到十坪的單身宿舍裡，家用電器除了一台二十寸的電視機外，幾乎沒有別的東西了。

當然，面對這樣的困境，很多人都會感覺很迷茫，他也會經常對老婆抱怨，也想過要另謀出路。可是，一想到不可預知的未來，他就退縮了。畢竟，在那時候國營企業還是一個安穩的公司，而且日子也能勉強過得去，他的公司有「保險及退休金」，想著將來退休後可以有一份保障，而且他除了做車工，又不會做別的事情。他覺得，如果自己弄不好，連一家人的溫飽都無法保證。思前想後，他感覺還是維持現在的生活比較好。

平日裡，他就算是嘴上抱怨著、心裡詛咒著，但生活還是日復一日、年復一年地繼續著。他想，自己在公司努力工作，好好表現，將來考績優良，或許就能調漲薪資，等存夠了首期的錢，就能分期付款一套小房子，再簡簡單單地裝修一下，自己和家人就能過上比較舒適的生活了。

然而，天不遂人願，即使是這樣一個小小的夢想，他也無法實現了。由於企業經營不善，虧損十分嚴重，公司不得不裁減人員，以緩解眼前的危機。作為一名老員工，又並不職稱，他不幸被列在了第一批裁減人員的名單中。這對一個上有老下有小的人來說，無異於晴天霹靂。沒工作，就意味著家裡的老老小小將沒有了生活的依靠，孩子會沒有學費，老婆會吃不飽穿不暖，想想他都覺得可怕。為了不失去這份工作，他只有拿出僅剩的一點積蓄，去商店買了兩瓶好酒、一條好菸，來到主管的家裡。他苦苦地哀求，就差點給主管跪下了，希望主管能體恤一下他的困難，並將他留下來。主管聽後無可奈何地說：「我也沒辦法，如果不裁員，公司就保不住。」最終，雖然他好話說盡，但還是沒能保住這個工作。

那天，他的心情低落到了極點，像一個失去靈魂的人，一個人在家裡發呆到深夜，彷彿天塌下來一般，他真的絕望了。他不敢想像失去唯一的生活經濟來源，以後的日子將是怎樣一種淒慘的光景。那段時間，他感到特別失落，特別迷茫，特別恐慌，不知道未來的路在何方。

當然，痛苦歸痛苦，無助歸無助，生活再怎樣無奈，日子終究還是要過下去。無奈之下，他只好面對現實，尋找其他出路。沒過多久，他和妻子背上行囊，去外地打工了。

讓人意想不到的是，十年後那個昔日走投無路的工人，如今不僅解決了溫飽問題，而且有了豪華別墅、高級轎車。此時，他已是一個集團公司的總經理，旗下擁有五家企業，資產達到數十億元。每當憶及往事，他總是感慨萬千。人生充滿了機遇，可如果不是當初所在的企業裁員，恐怕他現在還是一個碌碌無為的技術工人，過著充滿牢騷與抱怨的生活。

**原來，平庸與失敗背後的推手，不是別人，恰恰是我們自己。人生最大的敵人也不是失敗，而是那一顆顆甘於平淡、安於現狀的心。**

一方面，我們所有人都渴望著過上幸福美滿的生活；而另一方面，我們又總是會害怕改變。人們總是習慣於現有的生活狀態，而不願意做出新的嘗試，結果故步自封、畫地為牢，一輩子被困囿在原地，只能扼腕歎息，坐觀他人的成功。

其實，改變現狀並沒有想像的那麼困難、那麼可怕，只需要付出一點勇氣而已。跌入了谷底，其實也並不可怕，有很多人跌入谷底後才發現原來自己可以更成功。當然，谷底的勇氣才是最後一搏所堅持的那份信念。

## 04 迷霧中再前行一步，也許就是成功

總會聽到有人說「我現在好煩，我總覺得面前的一切都是迷茫」。這些人不僅會這樣表達自己的痛苦，而且總是拿自己與別人進行比較。

他們認為，別人的生活都是一帆風順的，而老天卻給他們安排了這麼多劫難。一旦這樣認為，他們往往就會自暴自棄，感覺自己被這個世界拋棄了，就算再努力，也不會有什麼好的結果。

但實際上，越是這樣自暴自棄地生活，往往越感覺痛苦更多。擔心自己走不出迷茫而不去努力嘗試，這才是徹底的失敗！

不要總去猜測，你向前走一步後，將會面對什麼，要相信，即使自己只成功向前移動了半步，也都可能走出迷茫。

不少年輕人會問，為什麼迷茫很可怕，自己會擔心未來，更會時刻害怕別人不理解自己。

如果這時候，讓他們去尋找走出迷茫的辦法，並且勇敢地接觸自己的迷茫，他們往往都會退縮。

其實直接面對迷茫很困難，因為大家要把自己迷茫的真正原因找出來，這對所有人來說，無疑都是一件痛苦的事情。

人人都有自尊心與自信心。家庭中遇到困難的人，往往會選擇將痛苦積壓在心裡，不去向別人訴說，因為他們擔心自己會被別人當作笑柄，更不願承認自己不如別人生活得幸福。

工作上遇到困難的人，通常不願與同事交流，他們擔心工作中的競爭會將自己甩出職場，所以，寧可一個人面對那些完全看不懂的工作，也不願意向身邊的人求助。

有了家庭和工作的兩方面壓力，我們對生活存在不解。而這種不解並不會隨著時間的推移而逐漸消失，反而會越來越清晰。

如果真的有了迷茫，那麼該怎樣去解決這一連串的問題呢？其實，簡單地說，人與人之間都有一根繃緊的線，很少有人願意主動靠近別人。

而人與人之間又好像是一面相對的鏡子，如果你不去看別人，就永遠也看不到自己的不足。其實，要解決迷茫，就需要靜下心來與對方溝通。所謂「當局者迷，旁觀者清」，作為一個當局者，我們是不會明白自己身上到底有什麼不足的。但是作為一個旁觀者，我們卻可以很清楚地看到別人身上的缺點。

在我們指出別人缺點的時候，而自己身上的問題卻被迷茫的大霧遮蔽，我們只有去批評別人的能力，卻沒有反省自己的勇氣。

在面對迷茫的時候，我們應該多與人接觸，這樣才能找出自己身上的問題。多與人交流，盡自己的能力幫助別人，別人自然也會毫不吝嗇地向你伸出援手。不要害怕迷霧，勇敢地邁出一步，你就會發現，成功就在未來不遠的地方等著你。

# PART 6

## 認清自己，別迷失在別人的陰影裡

有的人，一輩子都活在別人留下的陰影裡，他們不願意相信自己可以擺脫陰影，只相信自己是失敗的、脆弱的。有些人對生活感到迷茫，對工作迷茫，對未來迷茫……但是他們沒去想想，只要能認真對待每一件事，我們都有可能成功。不要在乎自己所做的事情是大是小，要在乎是否真的用心去做了。

## 01 每個人都應該被承認

如果你的家裡常年伴著歡笑聲，那麼你的生活中似乎歡笑比悲傷多。人與人的不同，除了出身之外，性格可能是最主要的。然而，在成長的過程中，多數人的性格都容易被他人影響。

正如你長期生活在壓抑的環境裡，就極易被壓抑感染。我們都有一定的與生俱來的本性，從出生的那一天開始，我們就不斷地在學習、模仿，從咿呀學語，到嘗試著喊出第一聲，嘗試著蹣跚學步，我們都在進行著模仿。

我們每個人都有自己的模仿能力，模仿能力強的人能迅速將自己的情緒與別人統一。當然，這就是我們所說的情緒感染。所有的事情都不是絕對的，還有很多人在面對別人的負面情緒時，很快能在自己面前立起一道屏障。這樣的人我們稱他為模仿能力弱，不容易受到影響。

從根本上說，鑒別一個人是否容易受到負面情緒的影響，有很多的方法。比如：當你在看一部非常傷感的電視劇時，如果因為劇中人物的悲慘遭遇而感到傷心，這就證明你的情緒很容易被別人控制。如果你把人生當作一場戲，那麼這其中的情感就不會給你帶來什麼觸動，證明你並不是一個容易受別人干擾的人。

**懂得控制情緒的人，往往會站在客觀的角度去看待別人的問題，而不懂得控制情緒的人，遇到問題就會將別人的情緒轉移到自己身上。**

不得不說，控制情緒是一件很重要的事情，認清自己是一件更重要的事情。

一個家庭中有三個孩子，父母對老大和老三非常疼愛，老二一直都是被忽略的角色。老二總感覺父母偏心，開始逐漸疏遠父母和兄弟姐妹了，他成了大家眼裡不合群的那個。

一次，家裡開小型家庭會議，大家都對要不要添置一個新冰箱發表自己的看法，但到他發表意見的時候，母親卻執意將他跳過去了。

他對此感到非常傷心，認為這是他們不關心自己的一個表現。於是，以後的每一次家庭會議，他都會一個人坐在一邊，看著大家闡述自己的看法，即使他的表達欲望強烈時，也會忍著不開口。男孩就這樣度過了自己人生的前十六年，在第十七年時，他的母親生病了，急需一個配型相同的腎臟。當然，受家裡重視的老大和老三優先進行了配型，結果因為種種原因沒有成功。

母親很傷心，覺得自己沒有希望了，整日以淚洗面。

正當全家人陷入困境的時候，醫院突然傳來了好消息，母親的配型成功了，而這個和她配型成功的人，竟然是最不受她重視的那個兒子。

母親知道後，覺得很愧疚，她似乎已經忘記了這個兒子，就連配型失敗的時候，她都沒有想到還可以讓這個兒子來試試。全家人似乎也都忽視了他，每次買新衣服，老二幾乎都不在考慮之列。從小到大，他一直穿著家人淘汰下來的衣服，就連家人聚會時，如果他沒有出現，也不會有人專門去找他。

而這個男孩獨自一人去醫院和母親做了配型，卻又出乎意料地成功了。他回家後，家人早已在家等著他，而他的母親已經淚如雨下。每個人都應該有一個被承認的機會，無論是誰，這個機會是給他，也是給你自己的。

而這個男孩在迷茫中找到了自己的方向，說明他有認清自己的能力，在他的生活中這無疑是難能可貴的。

認清自己，不要陷入迷茫的路途中，每個人都應該被承認，每個人都應該是幸福的。

一個人在人生的不同階段會遇到不同的迷茫，每個人都會或多或少地被負面情緒的陰影籠罩，但每個人都應該有被承認情緒的權利，如果你總是活在別人情緒的陰影下，你就會發現，這個世界上屬於你的情緒似乎不被承認了。

## 02 別人的世界並不是你的歸宿

有一個觀點大家可能都很熟悉：人的差別在於業餘時間。沒錯，如果你每晚八點到十點抽出兩個小時的時間來閱讀、思考，那麼你會發現自己的人生正在發生改變，堅持數年後成功就會向你招手。這是一個著名的哈佛理論，哈佛的學生也對此有著深刻的理解。也許有些人會利用晚上八點到十點的時間去燈紅酒綠，還有很多人會對他們投去羨慕的目光，但你必須知道，這並非是該屬於你的世界。

生命中，有些人來了又去、有些人去而復返，有些人近在咫尺、有些人遠在天涯，有些人擦肩而過、有些人一路同行。當新的名字變成老的名字，當老的名字漸漸模糊，又是一個故事的結束和另一個故事的開始。

在不斷的相遇和錯開中，終於明白：身邊的人只能陪著自己走過或近或遠的一程，而不能伴自己一生；陪伴一生的是自己的名字和那些或清晰或模糊的名字所帶來的感動。或許在某兩條路的盡頭相遇，結伴同行了一段路程，又在下一個岔路口道別。無論如何，終免不了曲終人散的傷感。

別人的世界之所以與你的世界不同，是因為別人有別人的想法、有別人的路，一旦你加入了別人的生活中，就會發現自己被別人生活中的那份陌生感深深地排斥。別人的世界到底是什麼樣的？

在我們的眼中，所有離我們而去的朋友，多數都有我們看不到的神秘之處，我們對他們的一切都感到好奇，他們昨天晚上吃了什麼？為什麼喝酒？是什麼讓他們的心情壓抑？這一個個問題，勾起了大家的好奇心，也讓我們對別人的生活非常嚮往。

可是，我們畢竟不能活在別人的世界中，別人的世界也不屬於我們。

但事實上，越是不能獲得的部分，我們就越是嚮往，而這種嚮往，被我們創造出了一個王國，我們渴望進入這個王國，卻不知道，對方才是這王國中的王，當我們成了王，卻又開始嚮往王國之外的那份自由。

**有心理學家曾經指出，一個人能做到停止抱怨，真是非常難得的，因為我們總是在囚禁自己的內心。我們察覺到了自己內心的聲音，於是將這種智慧付之於行動。**

很多人在迷茫中抱怨、消沉，但不知道迷茫是抱怨的催生劑，迷茫多了，自然抱怨就多了。比如：找不到合適自己的職業，總覺得別人的工作為什麼那麼好，自己生不逢時，沒有伯樂，他們多幸運，有合心意的工作……

很明顯，迷茫多半是因為自己找不到正確的人生方向。這種認識是非常消極的，稍不留神，就會深陷其中，在不知不覺中開始腐蝕美好的人生。

有些人是把工作、專長的狀況想得太理想了，現實和理想的落差導致失落，所以無論跳多少次槽，換多少次工作，結果都是「不合適」「不喜歡」，迷茫成為不作為的藉口，這是一種「假迷茫」，與其說是迷茫讓人消極，不如說是一種消極的人生觀在興風作浪。

**有人說，做好自己喜歡的事，是本能；做好不喜歡的事，那才是本事。要達到職業的自由和理想，必須從不喜歡的事情做起。這是一個先苦後甜的道理。**

因此，不要把精力浪費在迷茫上了，你所做的工作就是最適合你的！

另一種情況是，迷茫的背後總是潛藏著太多的負面話語和焦慮，當然這其中也少不了恐懼的感覺。消極話匣子在腦海中自彈自唱、喋喋不休，找不到方向意味著什麼呢？意味著會蹉跎青春，會一事無成。假若沒有喜歡的工作，

你難道不會感到難受嗎？你就沒有想過自己為什麼不能像別人一樣呢？

首先要檢測自己情緒背後的思慮，然後去理解它們是什麼，再反問自己，這種想法是自己的真實想法嗎？負面思想總是會以妖魔化的姿態暗藏於我們的現實生活中，控制我們的情緒。

因此，我們要學會以有限的現在把握無限的未來，不被情緒操控，不因別人的情緒干擾自己的行動，做當下最真實的自己，做最有自信、最踏實努力的自己，用自己的心去體會這個世界，用自己的雙眼去觀察這個世界，讓迷茫的情緒消失在積極、強大的正能量中。

## 03 直接面對迷茫，抓住成長的契機

人的一生充滿了各種未知的苦難，想要平靜地走到人生的終點，幾乎是不可能的。在《少有人走的路》一書裡，作者派克開篇就這樣寫道：「我們要成長，就必須經歷痛苦。如果你正在遭遇迷茫之苦，感激它的來臨吧，這是成長的禮物，一種意識的覺醒。我們不能回頭，只能前進。比起從來沒有迷茫，沒有思考過自己的人生狀態，我們進步了。我們需要做的是直接面對迷茫，穿越痛苦，這也正是成長的契機所在。」

有這樣一則寓言：豬說假如讓我再活一次，我要做一頭牛，工作雖然累點，但名聲好，讓人愛憐；牛說假如讓我再活一次，我要做一頭豬，吃罷睡睡罷吃，不出力，不流汗，活得賽神仙；鷹說假如讓我再活一次，我要做一隻雞，渴有水，餓有米，住有房，還受人保護；雞說假如讓我再活一次，我要做一隻鷹，可以翱翔天空，雲遊四海，任意捕兔殺雞。

這是一種非常有趣的現象，可謂風景在別處。我們都有權利去羨慕別人所擁有的東西，羨慕別人的工作，羨慕朋友新買的房子，羨慕別人的車子。當

然，我們總會忽略一點，我們也是別人羨慕的對象。

有人常常幻想某一天一覺醒來，自己就會成為某某那樣的人。可能因為我們深知自己人生的缺憾，所以就會拿那些我們認為比較完美的人生來作比較，並以此為人生的座標。

其實，這個世界上並不存在十全十美的事，我們羨慕的那些人也承受著他們的不如意。所謂家家有本難念的經，人虛榮的本性使他們往往會把自己光鮮亮麗的一面展示給人，又有誰能真正看到光鮮的背後呢？很多時候，得到的就是所承擔的，每件事都像硬幣一樣有兩面，有正面就有負面。其實，人總是在這樣互相羨慕的。

人，尤其是女人，往往喜歡拿自己和別人作比較，是不是自己不如別人美麗，誰的氣質更出眾一些，誰家的孩子更聰明、漂亮，誰的衣服更好看，等等。結果往往是「人比人氣死人」，其實不如和自己比比，看看自己是否越來越好了，是否離自己期望的目標越來越近了。

有位哲學家曾經說過：我們每個人都應該和自己的昨天相比，而不是固執地去和別人相比，和別人相比又有什麼用呢？為什麼你就不能比昨天的你更出眾呢？時不時給自己一點鼓勵，你會做得更好。

羨慕別人是因為我們期待完美，期望可以活得更好。可是我們卻忽視了一點，每個人的處境都不同，別人的生活你無法複製。不過我們可以透過觀察別人的長處來修正自己的短處，與其仰望別人的幸福，不如學習別人經營幸福的方法；與其羨慕別人的好運氣，不如借鑒別人努力的過程。當然，有的人的確值得我們羨慕，不完全是因為他們得到的多，而是因為他們善於經營。

不要總是去羨慕別人，要感謝上天對你的恩典，讓你還有機會去羨慕別人。好好想一想，如果你現在什麼都沒有，甚至連生命都沒有，那你還有什麼資格去和別人比較呢？當然，也許什麼都沒發現，但至少以後你會明白，生命是讓你去善待，而不是去比較的。接受並善待它，你的人生會快樂豁達許多。

所以，真的不必去羨慕別人。守住自己所擁有的，想清楚自己真正想要的，我們才會真正地快樂！

## 04 認清自己，找到自身的優點

如果你沒有學會認清自己，那麼就好像高爾基當初的歌唱事業會使世界文壇失去一顆閃耀的明星。

古人云：「人貴有自知之明。」認清了自己，才能找到成功的方向。認清你自己，是一種處世的智慧。只有認清自己，你才能避免陷入迷茫的困境，避免感到力不從心。

前南非總統納爾遜・曼德拉曾經說過：認清自己，找對位置，瞄準方向，向前衝就好了。這位南非著名的領導人對認清自己有著深刻的理解，並且做到了。二十多年的監獄生活使他的眼睛變得渾濁，卻沒有讓他的心迷失方向。在監獄這種黑暗的地方，他始終在尋找光明。他知道何為對錯，找到了人民民主和種族平等的道路，最終迎來了圓滿的結局。在苦難中認識自己不易，在苦難後堅持清醒更是一種智慧。是認清自己讓曼德拉找到了方向，也是從認清自己開始，讓他走向了成功。

中國著名文學家巴金先生在人生的中後期遭遇了包括「文革」在內的一系

列磨難，他迷茫過，也懷疑過自己的文字。但事情過後，經過仔細地考慮，他發現了自己的錯誤，沒有找任何理由，而是進行了深刻的思考。正因為他能勇於面對過去、認清自己，巴金先生創作了《隨想錄》等幾部佳作，被譽為「說真話的文人」。無獨有偶，正是因為唐朝李世民有足夠的勇氣面對諫官的批駁，才深刻地認識到自己的過錯，認清社會現實，認清前進的道路。也正是因為這樣，才有了貞觀之治的輝煌。不同的身份，不同的時代，不同的發展方向，但他們被後人銘記的原因都是一樣的—認清自己。如果巴金先生沒有認清自己，那麼《隨想錄》不過是膚淺的玩物而已；如果李世民沒有認清自己，那麼中國歷史上就不可能出現貞觀之治的盛景。

認清自己是一種勇氣。美國總統胡佛就犯過這種錯誤，他不但沒有認清自己，而且沒有認清國家的形勢，一系列錯誤的政令致使美國經濟惡性蔓延，他最終也在人民的噓聲中黯然下台。同樣的，清政府也是盲目地自以為是，認為「天朝上國，無所不有」，最終造成近代中國落後挨打的局面。前車之鑒還不夠多嗎？非要到禍事臨頭才能認清自己嗎？無數的例子證明，沒有對自己的清醒認識，必然不會有好的下場，於己、於家、於社會都絕非好事。

認清自己，我們才能找到正確的方向，反之我們將會在迷霧中走失，甚至走向失敗。

做人需要清醒地認識自己。這需要智慧與勇氣，但它回報給我們的卻是「柳暗花明又一村」的美好世界。清醒地認識自己，是我們成功的基礎。我們一路走來也許遇到過許多彷徨、糾結、迷茫，如果你現在正閱讀此文，所幸你已經走過來了，正在朝著更積極、更明媚的明天進發。靜下心來，好好與自己的心靈進行一番深刻的對話，發現自己性格的優缺點，認清現狀，找到自己的興趣點，發揮自己的特長……逐步深入，你將會在不知不覺中甩掉迷茫，找回自信、積極向上的自己。

★事業，就是今天做了明天還「想」做；職業，就是今天做了明天還「得」做！

# 下篇

## 放逐迷茫，瑣碎的生活才能透出清晰的光亮

不要每天都把迷茫帶在身上，只有放下，你才能收穫一個全新的人生。放逐你的迷茫，仔細去想想，所有的不如意，都是你成功的最好證明。

★世上沒有輕鬆愉快的工作，只有快樂工作的人！

# PART 7

## 發現你自己，迷茫才無法封鎖你的心靈

我們每個人都是獨一無二的，想要獨樹一幟，就需要清楚地認識自己。認清自己，你才能掂量出自己的能量，考量前途的兇險，才能有備而來，順利攀登人生的巔峰。只有當內心平靜時，我們才能更好地思考人生，思考未來，審視自己的內心，擺正自己的位置，才能不被迷茫糾纏，才能更好地把握自己的人生。

## 01 心靈的成熟不需要急功近利

生活的常識告訴我們，吃水果肯定是挑成熟可口的，因為成熟的果實果肉細膩、口感香甜、營養豐富，而那些不成熟的果實往往是酸澀粗糙的。所以，吃水果要挑成熟的。

成熟的種子才能被收進糧倉，因為只有成熟的種子才籽粒飽滿，生命的結構才完美，生命的活力才充沛，這樣的種子才能開花結果。事實上，在大自然中並非植物成熟時最可貴，人也是一樣。只有成熟的人才能像流水一樣方圓皆宜、源遠流長，才能與天合一、與地合一、與人合一而毫無障礙和阻滯，才能與宇宙萬物保持和諧，才能與道合一而無個體的私欲、追求、執著和擁有。所以，只有成熟的人，才能散發出獨特的人格魅力。

可是，過早的成熟並非我們所需要的，就好像還沒有褪去童真的少年，你強迫他早早成熟，這樣的成年化不過是一場未開花的結果，快樂和自由不在原本的軌跡上。

生命的每一段時光都應當展現出這段時光的獨特風貌，這段時光的美好不在於能不能早早結束，而在於是否能綻放出應有的光彩。過早的成熟違背自然的法則，不讓少年意氣風發之時去思量是否有真正的人道，不讓兒童過早地接觸生活中的艱苦。年輕，就應該單純；成長，就應該走向成熟。

一個生命看其是否成熟並不取決於年齡、知識、經驗，是否懂得為人處世，只要他活在這個世界上，就該活出適合他的樣子。所以，一個三、五歲的孩子，若其心靈沒有被污濁，那麼他的狀態就是純粹的，不需要有人刻意地去引導和教育他如何成熟，如果一個天才被專家、大師們刻意地引導教育，天才反而容易被埋沒。

想像一下，我們不斷地對一棵桃樹說：「你要好好生長，要多吸收水分養分，要保持自己桃樹的本色，不要被梨樹引誘，春天要及時開花，結出的桃子一定要有桃子味。」你覺得有必要嗎？他們的成長軌跡就是如此，你過分地干涉，又能產生什麼作用呢？如何生長開花結果，桃樹自有分寸，它比人更懂得自然法則，更明白如何與大自然和諧相處。

人要做的，不是去引導教育，而是澆水施肥。急於成熟會適得其反，有的人總是不斷告訴自己要成熟，但是面對現實問題時，他們的成熟往往會演變為一場鬧劇。一個人不活在天性中，卻天天在腦子裡想著為了讓人們讚美、表揚、稱頌而表現出「成熟」，那樣的成熟是要不得的。男性必須是男性，女性必須是女性。「一個女性如果外部柔美，內心能擔當，會被認為是一位成熟的女性；一個男性，如果外部很強大，內心很溫柔細膩，會被認為是一位成熟的男性。」這樣的「成熟」不是「成熟的莊稼」的「成熟」，而是被扭曲的「成熟」，我們絕不能認為一隻母雞不僅能下蛋而且會報曉就是「成熟」的母雞，也不會認為一隻公雞不僅會報曉也會下蛋就是「成熟」的公雞。

**一個人的成熟，是由內而外散發出來的剛強、勇於擔當、寬容豁達、積極樂觀。正確樹立前進的目標，不要讓日子在沉重的目標中度過，任何時候都不要急於求成，把自己弄得很累，就失去了生活的意義。**

成熟是一種人格的完善，是一種人生境界，不到生命結束的那一刻，你都有成長、成熟的機會。只有不斷挑戰生命中迷茫的課題，才能成為一個堅強、樂觀、開朗的人，才能成為一個真正成熟的人。

## 02 別因生活的無常令內心孤獨

有些經歷過生活無常的人，往往會變得不願意再與人交往，這樣的經歷我們稱之為「悲傷往事」，而這些人我們將其視為「透明人」。我們身邊都有很多「透明」的人，他們不斷被我們無視，即使他們做了一件多麼驚動眾人的事，最終大家的評價也只是詢問他們的姓名而已。

他們喜歡自己一個人，不被大家注意。一人獨處具有兩面性：一方面是痛苦的寂寞，另一方面是舒適的獨居生活。有意義的獨居生活包含許多愉快的、屬於獨自體驗的活動。不幸的是，大部分人感覺不到獨居生活是令人愉快的。

對絕大多數人來說，一人獨處意味著寂寞。如果人們獨處的時間超過十分鐘，他們就會抱怨連連。這些人無論什麼時候獨處，他們都會立刻感到寂寞。

寂寞的人通常找不到生活的出口，會覺得迷茫而缺失快樂，因為誰也不能平白無故地對著鏡子傻笑，他們總把孤獨當作在空閒時間做不了任何有趣事情的藉口。

曾經有一個朋友，他對騎自行車兜風有過一夏天的熱情。那時，他買了一輛自行車，在最初的一兩個月裡只騎了一次，在買車之前他感覺一個人騎車沒有什麼要緊的，但買車之後，他突然覺得一路上除了一個旋轉的車輪外，自己似乎沒有什麼能享受的。於是，他不願意再獨自騎車兜風，他的熱情也從此逐漸擱淺了。

還有些人在無助的時候會看電視或聽廣播。他們寧願看無聊的電視節目，或收聽電台 DJ 喋喋不休的談話，也不願意靜心思考，享受安靜的生活。

**許多人寧願維繫並不美滿的婚姻，也不願一個人生活。這大概就是所謂的習慣，我們習慣了這個習慣，所以寧可維繫眼前的不完美，也不願意打破這個習慣。**

對於某些人，如果在一個漫長的週末不按時間表行動，而獨自一個人生活，他們會感到徹底的自我迷失。

為了克服厭煩情緒，我們似乎都必須學會如何善於獨處。當我們中的大多數人逃到了另一個和我們一樣無聊的人身邊或者團體中尋找刺激時，更多的人會選擇逃避自己心中更深的沉悶。由於我們內心的軟弱，懼怕孤獨，懼怕孤獨時衝擊而來的迷茫感，他們往往選擇了人多的地方。但是，事實告訴我們，人聲喧鬧的地方不是是非多，就是太過喧囂，你哪有思考的餘地呢？

有人難以面對這種自我生存的孤獨感，很懼怕面對自己的內心，對獨處的無能為力反映了內心基本安全感的缺乏，但寂寞不等於獨自一個人，因為還有很多人，即使身處人群中，也會時常感覺孤獨。許多孤獨的人非常有魅力，他們也表現得很自信，並且很冷靜。然而，他們獨處時也會感到寂寞。由於內心缺乏安全感，這些人也盡可能每分鐘都和別人待在一起。

這個世界上有封閉自己的人，就有不封閉自己的人。當然，我們每個人的心境都是不同的，所以很多人盡可能去尋找不讓自己感到孤獨的方法，他們會逃到人群中，或者委屈自己加入一個自己並不喜歡的活動中，但這樣做的意義並不大。最好的方法，就是能有人幫你指路，如果他的方法恰恰是正確的，那麼你會從中受益匪淺。假若你能自我反省、自我思考，找到一條適合自己心靈和生活的良好途徑，那就再好不過了。

## 03 被忽視的人，往往更能認清自己

蘇格拉底說：「發現你自己。」這無疑是告訴我們，要想辦法去認識自己，以一個路人的思維去瞭解自己。當然，我們每個人都是獨一無二的，想要獨樹一幟，就需要清楚地認識自己。

我們所有人的眼光都是向外看的，這個世界上的高峰不止千仞，世間的絕美也無法窮盡，要實在地從中挑出適合自己的，去攀援，去欣賞。怎樣挑選呢？這就需要我們開一扇心窗以自鑑。

認清自己，只有認清自己，我們才能找到自己的最美之處，才能發掘出自己的潛能。而潛能就像一扇虛掩的門，如果你不去敲開，你將永遠看不到背後的光芒。

文學家郭沫若先生學生時代的成績單上，數學成績多次名列前茅，但他若從此畢生追尋數學而背離自己的內心，拋棄了自身文學的潛力，很難想像他還能成為一名文學名家。幸虧他認清了自己，推開了自己的文學潛能之門，有如一道驚雷轟動了文壇。他在不為人知的時候，首先認清了自己，才讓更

多的人看到了自己的價值。

當你確立目標的時候，也就是與迷茫分道揚鑣之時，那時你就可以輕裝上陣，沿潛能之路前進，向頂峰攀登。

但是，通向山頂的山路不可能筆直，如果沒有山路十八彎，你就無法領略山峰的險峻與挺拔。你若認清自我、明辨內心，就能找到適合自己的方向和道路。

認清自己，你才能掂量出自己的能量，考量前途的兇險，才能有備而來，順利登頂，在絕頂安營紮寨，同時分辨對手的能力。如果不能守住自我，不能明辨內心，那麼你很有可能因體力不支而暈倒，或者因預估困難不足而滑落懸崖。如果能認清自我，如果保持內心的明晰，牛頓晚年放棄自然科學之惋惜又怎會發生？唐玄宗「婉轉額眉馬前死」的傷痛又怎能造成？關閉心窗不再向內看，我們心中的清泉就會變成死水，終究逃不脫枯竭腐朽的一天。不是嗎？

想不被迷茫所困，想找到成功的方法，不如先認清自己。去拜訪內心深處最乾淨明亮的地方，不要做放棄奔跑的兔子，不要做留戀陸地的天鵝。時時審視自己的內心，我們走出的才不是別人的路，喊出的才能是自己的聲音，擁有的才是那份「無意苦爭春」的曠達。

有些人生活在別人期許的目光下，受到別人的重視和呵護，成為萬眾矚目的對象。這時候，他們往往很難找到屬於自己的方向，而隨著大家對自己期望的增高，自己的迷茫也越來越多。

而那些經常被忽略的人，在被忽略的過程中卻能夠輕易地找對自己的位置。

說起來，只有當內心平靜時，我們才能更好地思考人生、思考未來，審視自己的內心，擺正自己的位置，才能不被迷茫糾纏，才能更好地把握自己的人生。被忽視的人，往往更容易找到自己的位置，因為他們保持了內心的淡然與平和，有更多瞭解自己的時間，而使自己的一切更加清晰。

## 04 忘記迷茫，走出迷茫

在現實生活中，許多事情的困難之處，並不是事情本身，而是與我們自己的努力有關，我們失去了解決問題的自信心，所以止步不前。遠離迷茫與困惑，點亮我們生活信念的燈塔，追求生活中一切的美好與憧憬，這才是幸福的人生。

在我們每天的生活中，並不缺少目標和所謂的快樂。從早上起床的那一刻起，我們就有了一天生活的目標。可是，似乎我們缺少的並不是這個目標，而是那雙發現生活中快樂的眼睛，還有感受快樂的心靈。

生活中的苦惱與煩憂總是存在的，大家總是用這種苦惱來懲罰自己和身邊的人，而把生活中的每一天都變成了所謂的苦難日。

**世界上，每個人都有屬於自己的遺憾，世界上根本就沒有所謂完美的人或事。細細想來，世間萬物都只在於你怎樣去看，怎樣去體會或者理解。**

而喜與悲這兩種情緒，就像一枚硬幣的兩個面，只有不能領悟人生的人，才會將它們對立起來，喜與悲本就是兩種相輔相成的情緒。有喜，才能對比出悲傷的痛苦；有悲，才能凸顯出喜悅的快樂。

所以，身在世間，很多痛苦和煩惱是容易解決的，換個角度，把眼前的一切都當作黎明前的黑暗，用積極的心態去面對、去思考，就會發現事情並沒有自己所想的那麼糟糕。

如果人們總是用自己被迷茫遮蔽的雙眼去看待所面對的問題，那麼永遠都沒有清晰的一天。

但如果你能忘記眼前的迷茫，擦亮自己的雙眼，自然能看到生活中美麗的場景。

都說迷茫才是真正的困境，因為迷茫會像大霧一樣籠罩在你的周圍，那些在你眼裡原本美好的事情也終究會受到影響。

不要總是告訴自己，事情有多麼煩瑣、複雜，也不要對身邊的一切事情都產生懷疑，這個世界上所有的困惑都源自我們的內心，迷茫一旦遮蔽了心靈，我們的眼睛也會受到蒙蔽，最終出現許多不安的情緒。

人們總是將自己的煩惱掛在嘴邊，時常會自顧自地嘮叨，甚至在走路和吃飯的時候，都在想著一天遇到的煩心事。這樣就是在時時刻刻提醒自己，使自己的情緒不斷跌落，最終墜入谷底。

在情緒很差的時候，就算中了樂透大獎，你都不會感覺這是一件快樂的事情。

**其實，我們想改變迷茫，就要學會放下，放下了迷茫，才能走出迷茫。如果你總是背著沉重的包袱前行，就算你真的能找到所謂的快樂，那也是非常沉重的。**

忘記眼前的迷茫，才能輕鬆地走出迷茫！

★生命的價值不在於能夠活多久，而在於如何能善用每一天！

# PART 8

## 前行，標注未來的符號

人生的成功也不是永遠不曾跌倒，而是屢敗屢戰，越挫越勇。在美好的時光裡，發現最好的自己，克服自身的浮躁，不在青春的時光裡迷茫，透過自己的努力，迎接屬於自己的每一份幸福。人生看開了，內心就不迷茫了，心氣也就順了，生活就會變得更愜意。

## 01 誰的青春不曾迷茫過？

有許多人，一直認為未來是一個很遙遠的地方，於是他們想盡了辦法去荒廢自己的青春，認為自己的未來很遙遠。十幾歲的時候，他們不願意認真於課業，一心只想著怎樣才能玩得痛快。二十幾歲的時候，他們整天泡網咖，恨不得在這樣的燈紅酒綠中永遠沉睡。三十幾歲的時候，他們開始有些意識，但仍然感覺未來是遙不可及的。四十幾歲的時候，他們開始著急，想辦法補上青春的漏洞。可是，到了五十幾歲的時候，未來在他們的心裡依然很遙遠，他們感覺不到生命的終點在悄悄靠近，反而想到遺忘「未來」這個辭彙。其實，時間每天都在前行，很多二十幾歲的年輕人，經常會感覺很迷茫，無論是在生活、感情還是事業上，常常會找不到方向，如果事情如願還好，一旦不能如願，便會對自己、對生活失去信心，長時間徘徊在人生的十字路口不知如何行進。

每個人都會渴望自己的未來是光明燦爛的，但是提起未來，很多年輕人都覺得很迷茫，也很遙遠。他們既渴望，又困惑，隨著時間的推移，他們也只

是在觀望著，虛度美好的時光。

人生是少不了有迷茫的時候，其實這也是一種很正常的現象。如果有一天你覺得很迷茫，請千萬不要害怕，更不要否定自我、否定人生，只要找到適合自己的方向，勇敢、堅定地走下去，未來的美好就會悄然來到你的身邊。

你或許看過這樣一部與青春有關的電視劇，講的是二十世紀八〇年代一群年輕人的故事，他們的生活、他們的經歷、他們的情感都是那麼荒唐與搖擺，他們哭過、笑過，也做過無數的錯事，他們懷著太多的迷茫，但最終都找到了自己的路。

其中有句台詞很打動人心：我們追逐於頹廢的快樂，陶醉於寂寞的美麗，我們堅信自己與眾不同，堅信世界會因我而改變，我們覺醒，其實我們已不再年輕，我們的前途或者也不再是無限的，其實它又可曾是無限的。曾經在某一瞬間，我們都以為自己長大了。有一天我們終於發現，長大的含意除了欲望，還有勇氣、責任和堅強，以及某種必須的犧牲，在生活面前我們都還是孩子。其實，我們從未長大，還不懂得愛和被愛……

青春是一段充滿張揚與迷茫的路。在青春的困惑中，我們有很多缺憾，遺憾突如其來的長大和瞬間失去的歲月。每個人的青春經歷都是不一樣的，但是青春的血液裡充斥的情感都是一樣的，這就是青春的本質，它從來不會繞過誰，也不會落下誰。無論你是幾年級生，青春的本質都不會改變，我們都曾在青春的歲月裡經歷過、迷茫過。幸運的是，我們在迷茫的歲月裡沒有迷失，卻留下了更多的生活感悟：

①**保持正確的心態**。告訴自己未來的生活是從現在開始的，要珍惜現在，不害怕迷茫的到來，正確認識這是一種正常的反應，也是一個人走向成熟的必經階段。

②**要確立一個適合自己的目標**。正如契訶夫說：「感到自己在這個世界上是件多餘的裝飾品，那是很難堪的。活著而又沒有目標是可怕的。」當你有了目標，前行的路才會更清晰。當遇到一些不如意的事情時，這些目標會帶你走出人生的沼澤地，指引你更好地前進。

③**當發現自己身處迷茫時，不要急躁**。急躁是解決不了問題的，要試著讓自己平靜下來，可以去郊外走走，試著讀讀書、聽聽音樂，也可以和一些年長的前輩多聊天，多聽他們的建議。人生經驗是學不來的，但是一些過來人

的建議可以使我們少走許多彎路。

④**時刻懷抱希望，不要自暴自棄。**不要被自己一時的念頭擾亂了人生的方向，在迷茫的時候要冷靜、仔細地想辦法，年輕混雜著太多的不成熟，是個容易衝動的年齡，處在這個年齡的人一旦自暴自棄，就會浪費掉所有的青春，甚至賠上自己的一生。

青春的歲月是人一輩子中最美好的時光，在美好的時光裡你要發現最好的自己，克服自身的浮躁，不在青春的時光裡迷茫，透過不斷地努力，迎接屬於自己的每一份幸福。

## 02 未來的不如意是你成長的動力

可以說，上帝給每個人的快樂是一樣多的，悲傷也是一樣多的。人生不如意常十之八、九，煩心事、傷心事、痛心事、苦心事常伴身邊。我們對朋友、親人送上的最多祝福常常是「萬事如意」四個字，它代表了人們之間最美好的祝福、最深切的期望。

成長的過程我們會遇到無數的艱難困苦，即便能夠幸運地成為少數可以登上成功巔峰的如意人，經受的寂寞和苦難又有多少是常人所能理解的呢？當遇到英雄無用武之地的尷尬時，你是不是內心失落，感覺人生陷入無望的迷茫中，但是人生往往就是存在不可預知的缺憾，有多少人能在有限的生命裡淋漓盡致地揮灑呢？

**人生是由酸甜苦辣組成的，我們嚮往快樂的生活，卻無法拒絕苦難的到來。倘若沒有苦難的存在，又怎能體會珍惜快樂的價值呢？**

未來的不如意，往往會成為你前行的動力。如果你一路暢通，也許生活就會陷入平庸，沒有挑戰的生活，註定是平庸的人生。真正的生活強者是能夠迎難而上、挑戰生活的苦難，又能坦然接受生命的洗禮。而有時候，選擇平心靜氣地接受生活，也是人生的一種選擇。

比如選擇隨遇而安，要比強取豪奪更加偉大。遵循自然起伏變化的規律，順遂相遇的緣分而安樂，你才能尋找到屬於自己的真正幸福。人生不如意十有八九，看破不如看開。紅塵繁複，擁有看破世間的種種七巧玲瓏心又能怎樣呢？

有些事情不僅僅是看破就可以了，如果你只是看破了人間瑣事，卻沒有一種載物的胸懷，那麼你再怎麼聰慧也不過是在壓榨生命的苦酒，看得越清也就越痛苦。

看到社會的喧囂與髒亂，開始迷茫何處才是安放心靈的港灣。如果你能從內心尋找到那塊淨土，即使外面的世界再怎麼變化，恐怕也無法擾亂你的心神和生活吧。

還有人對失敗很恐懼，生怕自己處處受挫，失敗的心理壓力讓他夜不能寐。其實，你沒有好好問問自己，這個世界上有誰沒有失敗過呢？人生最大的恥辱不是輸了，而是輸不起。從另一個角度來說，人生的成功也不是永遠不曾跌倒，而是屢敗屢戰、越挫越勇。

另外，有些人學業成績不理想，有些人工作業績不佳，家庭遭遇不幸，公司經營狀況不景氣，受人欺騙，遠離家人的孤獨，等等。這些經歷都是你未來成長的動力。很多書裡說「笑對人生」，當面對這些問題的時候，到底笑還是不笑呢？如果你連笑的勇氣都沒有，可能就會不斷沉入消極情緒的困境。不如找個沒人的地方對著鏡子笑一笑，然後提醒自己：來日方長，哭也是生活，笑也是生活，笑著比哭著也許會有更多的希望。

但是如果你仍舊無法歡笑，那又何必強笑，還不如順遂內心，積極冷靜地想辦法改變現狀吧。

## 03 沒有如意的生活，只有看開的人生

總有些人在抱怨，為什麼平靜的生活越來越少，不如意的事越來越多，憂愁與傷痛常伴左右。不如意將生活化成了一道道坎，橫七豎八地排在漫漫的人生路上。本該幸福的生活卻被無情的現實擊碎，化為無法觸及的泡影，生活的主題成了苦難，生活的歷程成了苦旅，無法知道彼岸在何方。

問上蒼，能給我一個苦苦追尋的答案嗎？可惜，人世間最大的悲哀莫過於愛莫能助！生活的答案只能自己找尋，在失意的生活中找尋希望、找尋出路、找尋生命中星星點點的光芒。堅強，唯有堅強地面對苦難的生活，才能從迷霧重重的生活中走出來，走進原本充滿陽光、雨露的生活中。

感情生活在一個人的生活中佔有很重要的位置。感情世界不是一個晶瑩剔透、一塵不染的玻璃球，感情不如意，會讓這個世界變得複雜揪心。有人把感情當作人生的一種遊戲，功利在現實的生活中又好像是一種寄宿的遊戲。在「得到」與「失去」中穿梭遊戲，辱沒了感情的神聖。

人生的旅程是短暫的，在感性的世界中保持一絲一毫的理智，才能避免陷

入感情的苦海，更不致於讓感情的烈焰灼傷真正愛你的人和你愛的人。在感情的追逐中，一廂情願的執著並不能換來想要的完美愛情，當激情褪去時，留下的也許只有幽幽暗暗的傷與痛。

感情的不如意與事業的不如意不同，感情上的不如意會給人致命的打擊，相比之下，事業的不如意要安全得多，事業是人生的追求，是人生的夢想，是人生價值的體現。現實是無法抗拒的，環境是無法改變的，事業上的突破，除了自己要具備成就事業所必須的素質外，還要遇到好的機遇和人生的伯樂，同時要適應、融入你所處的環境中，天時、地利、人和缺一不可。

在打拼事業的路上並非一路坦途，並不是每個人都能如願成就夢想，除了不懈努力、艱苦付出，心理上還要做好承受一次又一次失敗的準備。

有很多人為了事業而放棄做人的尊嚴和自己的人格，他們的一言一行，在外人看來都甚是可憐，甚至很多人會用憐憫的眼光去看他們。有的人為了心靈的那片自由之地而甘願事業的停滯不前，因為他不願退讓做人的最後一道底線。在這樣一個功利社會，在這樣一個以成敗論英雄的時代，我們能堅守住人生本真的最後一塊陣地，這本身就是人生中莫大的成功，其他又有何懼、何所求呢？

我們沒有權利評判誰是誰非，沒有權利評論誰成誰敗，但相信時間能說明一切，也能證明一切。

其實，活著就是一種心態，當你看淡人生的苦痛，淡泊名利，心態積極而平和，有所求而有所不求，有所為而有所不為，不用刻意掩飾自己，不用勢利逢迎他人，不用做偽君子時，你將成就一個真真正正的不惑自我。

人生十有八、九不如意，是說人生如意的人畢竟是少數。如此這般，人生就算失意，也不必過多地算計得與失，坦坦蕩蕩，真真切切，平平靜靜，快快樂樂。大作為、大境界必經大挫折、大磨難，百煉才能成好鋼，爐火燒到一定火候才能變得純青。

看開了人生，內心就不迷茫了，心氣也就順了，生活就會更愜意了。

## 04 波折，能否從頭再來

茫茫人生之路，往往不是一條筆直的康莊大道，而是有很多分岔口，遇到任何一個岔路口，我們都要認真、清醒地去選擇，因為它關乎我們的未來。

有的人選擇了一條光明、充滿希望的道路，但這條路並不是一開始就是光明的，也許它是一路坎坷。但未來迎接他的將是一條光明的路，因為不曾放棄，而是堅強、勇敢地走完了這段坎坷的路，終將迎來光明的坦途。正如居里夫人，她走過的路並不是一帆風順的，她也曾經歷許多磨難，用幾噸的瀝青來做實驗。

有的人選擇的是一條黑暗的路。當一腳踏上這條路時，就踏進了無底深淵，再也不能回頭了。

因此，不要懼怕生活中遇到的坎坷與困難，當你度過最初的艱難之後，明媚的陽光就會向你招手。而一旦你被迷茫的心蒙蔽了雙眼，就等於走上了一條絕望的路，再也不能折回了。所以，有些事發生了就無法再回頭，在選擇的時候請擦亮雙眼、慎重選擇。

人生是漫長而短暫的體驗生命的過程，幾乎沒有誰的一生能夠波瀾不驚、風平浪靜地走到生命的盡頭。人的一生或多或少都得體驗失敗和挫折帶來的遺憾和悔恨。如果這個世界上可以選擇從頭再來，相信每個人都會希望能再次返回，重新開始新的人生之路。但可惜的是時光不會倒流，過去的經歷永遠成為了過去，永遠地定格在了生命的歷程中，深深地烙印在了生命裡。

不過，某些路的終點並不是懸崖，在我們選錯的時候，還能有一次後悔的機會。假若能從頭再來的話，一定要記住，是什麼讓自己選錯的！

假如生命可以從頭再來，每個人都會義無反顧地重新開始將走錯的路再走一回，讓遺憾、悔恨和怨恨都變成完美無瑕。只可惜生命不給我們回頭重走的機會，只給我們今後糾錯和改正的機會，能夠從遺憾、悔恨和怨恨中吸取經驗教訓，在今後的生命歷程中不犯同樣錯誤的人，已算是人生的大成者。跌倒了再爬起來，對他人也好，對自己也罷，都只是在失敗和失意之後的一種心靈慰藉。

其實人生真的不可能從頭再來，走好今後的路，讓自己的人生少犯同樣的錯誤和少走彎路。生命不可往復和重來的特性造成了生命歷程中的諸多遺憾和悔恨，這也是人生總有諸多煩惱和憂愁的癥結所在，生命的沉重和不幸由此可見。過去的已經過去了，讓很多遺憾、悔恨和怨恨糾結在我們心頭，勢必會影響自己的心情和生活。

人生的一大不幸就是有時我們不能主宰自己的命運，只能無條件地接受現實。重要的是不要沉溺在過去的遺憾、悔恨和怨恨裡，在今後的路途上多帶點善心和愛心，寬容平和地善待降臨到自己面前的一切，坦然地接受生命賦予的苦辣酸甜。人生的諸多遺憾和不幸在此不言而喻。所以，即使許多路我們能重新走，也許還會走出與上次一樣的人生。所以，重要的不是你選擇重複去走，而是要選擇如何去走，如何才能走出一條與眾不同的路，一條適合自己的成功之路。

別在心裡給自己留下太多的遺憾和悔恨，最主要的是理清思維，積極把握自己的人生。雖然歲月虧欠我們許多，對於過去的不如意，不斷咀嚼又能怎麼樣呢？想要重頭再來，那不過是你的一種幻想，或是為自己沒有更好地把握機會的一種托詞而已。這個世界上也許什麼都能夠買到，就是買不到後悔藥，買不來回頭路。時光一去不復返，唯有把握當下，才是我們更應該做的一件事。

所以，人無論走到哪裡，無論做過什麼，實際上都是一次生命旅程的經歷。生命的軌跡就是一直往前走，可以回頭，但不能重來。

**當我們想回頭重走時，就是內心有很多的包袱，有很多難以釋懷的東西，你如果無法忘記昨天的傷痕，就無法開啟今天的幸福，等到明天的時候，你又開始懊惱昨天的荒蕪。**

俗話說：好馬不吃回頭草。過去的已經過去了，即使錯了，也要坦然接受，不要再自怨自艾，或是迷茫中耗費精力。回頭看看是必須的，但不必背著過去的遺憾、悔恨和怨恨前行，如果背負太多的負面情緒，你的人生就是沉重的，註定無法遠行。

★世界上最困難的事情就是認識自己，最容易的事情是武斷別人！

# PART 9

## 控制力強的人，不容易被迷茫侵蝕

不論是驅逐內心的迷茫，還是克服內心的障礙，都離不開意志力；面對每一個艱難的決定，我們所依靠的是內心的力量。做生活的主人，不要被動地等待人生的選擇，學會獨立思考，理性的判斷，為成功選擇好方向，同時創造好條件，透過不斷的努力，收穫屬於自己的精彩人生。

## 01 等著人生選擇你，不如你去選擇人生

人的一生總是在選擇中前進的。人生會面臨許多選擇，其中很多選擇對我們的一生至關重要。因此才會有一句大家耳熟能詳的話：選擇比努力更重要。選擇正確了，你或許能收穫意想不到的結果。正是因為有不同的選擇，所以才會有千差萬別的人生。

人生的道路有千萬條，每一條都會有許多延伸的分岔路口，雖然有很多條路你從未涉足，可你卻必須在這些紛雜的選擇中，找到屬於自己的那條正確的路。任何一條路都會決定你一生的命運，當然，當你站在人生的岔路口時，你會發現，無法預知哪一條才是屬於自己的，你也不知道，走上這樣的路後會有怎樣的結局。極目望去：有的人住著高樓，坐著賓士汽車，可以去世界名勝古跡遊玩；有的人住著簡陋的小屋，每天去田地裡做農夫。形形色色的道路擺在你面前，必然有一條路是屬於你的。

可是，即使不同人選擇同樣的路，也會有成功，有失敗，因為選擇和走法不同，收穫的人生也是不同的。然而，不論走什麼樣的路，肯定沒有一條是

一路平坦的，就好像船在風平浪靜的海面航行，也會不經意地迷航失方向，人生遭遇的坎坎坷坷會讓你擁有堅強不屈的意志，只要克服了這些困難，你便會擁有一個全新的精彩世界。

人生中總是面臨這樣那樣的選擇，每一次選擇都會讓人費盡心思，或者猶豫不定，一旦你猶豫不決，就會錯失良機、後悔莫及。

人生之路都是不可逆的，也就是說，當你選擇走上這條路，你就不可能重新選擇，更不用說再給你一次機會了，因為即使你不滿意，最終也都是無可奈何。選擇當及時，千鳥在林，不如一鳥在手。

選擇是一件讓人苦惱的事情，選擇是搖擺於多種可能性之間的最後的決斷。有的選擇，結果是未知的，正因為這種不確定性，才會造成人們困惑、迷茫的心理，在選擇面前舉棋不定、左右為難。

敢於選擇的人，實際上是成功的人，當然，也是勇敢的人。學會選擇就是學會審時度勢、揚長避短和把握時機。如果在選擇的當口，你一直猶豫，很可能機會就偷偷地溜走了，而你會陷入迷茫，不敢做出任何選擇。人雖是自由的，卻也只有選擇的自由，而沒有自由的選擇。對一個理性的人來說，量力而行的選擇，無疑是睿智而有遠見的。

**所以說，選擇是一門權衡取捨的學問。能夠放棄，就已經擁有了當機立斷的果敢以及顧全大局的膽識。學會放棄，才能卸下人生的種種包袱，輕裝上陣，從容地面對生活的風風雨雨；懂得放棄，就會擁有一份成熟，才能活得更加充實、坦然和輕鬆。**

人人都說，魚與熊掌不可兼得。做出正確的選擇便是智者，而智者則必須懂得放棄，你只有放棄一部分，才能獲得另一部分。只有參透選擇和放棄玄機的人，才能徹悟人生，擁有海闊天空的人生境界，才不會在選擇中迷失自我、迷失人生的方向。

生活在你面前無限延伸，漫長而無盡頭，你眼下正在走的這條路是屬於自己的人生路，你所走的方式，就是你的生活方式，旁邊的岔路代表你選擇的新的生活方式，在這些路中你必須做出正確的選擇，否則你將會迷失方向。

做生活的主人，不要被動地等待人生的選擇，學會獨立思考、理性的判斷，為成功選擇好方向，同時創造好條件，透過努力你一定能收穫屬於自己的精彩人生。

## 02 像富翁一樣思考才能成為富翁

在現代社會生活中，每個人都想事業有成，透過自己的奮鬥擠進富人行列。但不少人都失敗了，而且輸得很慘，他們陷入了迷茫，不知自己的未來在哪裡？

你若想進入某類富人群體，成為他們中的一員，你就要讓他們無戒備地接納你，讓自己完全融入他們的群體。為此，你必須在外表上與他們保持一致，否則他們會視你為異類，排斥你，不會真心地與你交朋友。當然，他也不會毫無保留地傳授致富心得、致富資訊、投資技巧給你。所以，要成功致富，你的言談舉止就要向富人看齊。

富人有許多良好的習慣，例如不斷地獲取投資領域的新知識和新資訊，他們為此不斷學習，不僅向書本學習，而且向周圍的人學習。保持學習，不斷進步，是他們維持財富水準、確保財富不斷增長的主要手段之一。所以，富人一些內在的特質你要學習，例如財富觀念、對待財富的態度等。

裝扮自己可能會增加一些費用，但這部分費用，你是「投資」而非「消費」。這部分「投資」會給你帶來不菲的收入。該用錢的時候，決不吝嗇，但這與「月光族」純粹的花錢打扮不一樣。「月光族」超額消費的打扮是「虛榮」，而你花錢打扮是「需要」，賺錢的「需要」。

有一位富人講述了自己還沒有成為富人之前的一段親身經歷。他說，一個富裕的親戚介紹自己去參加他們的高爾夫聚會，想使他成為其中的一員，帶他走上富裕之路。

當然，還有一方面你也要學習，那就是富人的外表。有些富人不注重外表，但有些富人，特別是當今的新生代富人，還有富二代，他們都很注重自己的裝扮，衣食住行很講究品味。

瞭解情況之後，他將自己開了五年的國產轎車送到了二手市場，闊氣地換了一部最新款的高級進口車。等到參加聚會時，主動跟他攀談的人就多了起來。換車之後，他透過聚會結識了許多貿易商人，自己的生意也有了一定的擴大。

「但沒去幾次，我就發現人家壓根就沒有把我當成自己人。比如：有時候專門躲著我背地裡聚會，有時候舉行圓桌聚會時，總是說一些只有我聽不懂的話，我始終不明白他們為什麼要這樣做。最終，我自己放棄了這種聚會活動。不久後，我才知道，他們為什麼要把我拒之門外，這都是因為我的轎車。」後來，他說：「我並不認為將我拒之門外的那些富人是壞人，無論是哪個社會、哪個階層、哪個聚會，都會存在『只屬於我們的圈子』，所以你想要進入這個圈子，就必須認同這個圈子所追求的價值觀，如果你不認同圈內人士的理想與目標，那你最好還是別進去。因為並不是他們需要我，而是我想跟他們結為商業夥伴。」

但如果你由此認為，富人們都是奢侈浪費的，那你就錯了。除了商業戰略上必要的開銷之外，富人們都是追求合理消費和節儉的。

「必要的時候絕對不吝嗇，但也要進行合理消費。」這是追求生活品味的新生代富豪的心聲。

可見，富人與窮人無論在思維上，還是在行動上，都存在巨大的差別。窮人只有明確自己與富人在思維、行動上存在哪些差別，才能努力調整自己的思維與行動，向富人看齊，努力像富人一樣思考與行動，最終才能使自己成為富人。

## 03 財富只垂青那些渴慕它的人

人的渴望有多強大？

首先，人的渴望是從內心深處延伸出來的，我們每個人都會有對財富的渴望，以及對生命價值的渴望。如果你沒有渴望，那麼你只會庸庸碌碌地過一生。如果你滿懷渴望，你就會發現，對那些你期盼的渴望，你會拼上全部。路在腳下，路一定有出口，人在不同的位置肯定就有不同的價值，關鍵看你是否全力以赴和用心，相信自己：我行，我能，我可以……

正能量可以讓你有出路，不管什麼路，你相信，肯定就會有出口！

我們所做的事有兩個重要價值：第一，可能帶來即時回報；第二，可能在日後慢慢回報。若我們所做的事，只是滿足當下的需求，只能勉強維持當下。真正偉大的人，活在當下，思考未來。他們盡己所能，絕不懈怠今日的職責，同時不忘憧憬未來。

如果我們做任何事情都能未雨綢繆，那麼明日若有緊急之事就可以從容地應對。所以，這種準備無論在當下還是未來，都是極有價值的。

有些人確實很努力地學習、工作，但還是感覺自己真的很不適合甚至討厭現在的工作。其實，還有一個看似奇怪的道理：明白自己不喜歡什麼與明白自己真正喜歡什麼同樣具有價值。連自己不喜歡什麼都不知道，又怎麼知道自己喜歡什麼呢？有句話說得好：「不怕你走錯路，只怕你不知道錯了。」不知道走錯了，連糾錯的機會都沒有。

我們的迷茫，是我們恐懼失敗，沒有面對風浪的勇氣的人生觀的折射。「世上沒有人願意走彎路，但成功者身後留下的卻往往是一條彎彎曲曲、起伏不平的路。這說明，捷徑是不存在的。」

努力的財富不會輕易落入不需要它的人手中，而真正會獲得財富的人，往往是那些為之奮鬥的人。職業的探索從來都不是一帆風順的，沒有多少人能一開始就確定方向。

很多媒體在大肆報導名人和成功人士吸引眾人目光時，說得好像他們七歲時就知道自己以後要幹什麼了。社會的浮躁很容易催生個體的焦慮。專家指出，很多人到了三十歲以後才確定了「職業鏢」。谷歌李開復也曾經向律師方向努力過。迷茫是一條必經的彎路，很多時候我們要嘗試、要經歷、要付出一定的代價，才能撥開迷霧。

任何一個人的努力，都會與錢掛鈎，金錢既是我們生命中不可缺少的一部分，又是我們嚮往、苦苦追尋的一部分。

**我們的人生共有兩大財富：**

**1. 是精神上所累積的財富。**

**2. 是道德品質累積的財富。**

美好的品德更是我們所不可缺少的東西。我們再看中國字：「木」字底下，打這一橫，就是「本」字這一橫的位置，就是樹的根。人可以不斷成長，成為枝繁葉茂的大樹，但是一切成長動力源自於這根系。美好的道德品質，是我們每個人應該具有的，良好的品德也是我們一點一滴累積下來的。我們寧可沒有錢財，也不能沒有道德，誠信這筆財富是錢財無法相比的。

## 04 幸福不能創造，卻能發現

前幾天在電視上看到兩則意味深長的報導：一則是某人因為家境貧困，無力撫養兩個孩子，選擇了從樓上跳下了結生命；另一則是日本的一個年輕有為的人不堪精神壓力跳樓自殺了。

之所以將兩則故事聯繫起來，是因為我們透過比較很容易得到一些重要的資訊。從結果來看，都是一樣的—兩個人都死了，而且從終結生命的方式來看，也出奇地相似，原因也都是在精神上不能承受。不同的是一個是貧困的人，一個是富有的人。

在現實生活中，我們經常將幸福的人定義為「有錢、有權、有位」之人。但是上述的事例恰好打破了這種定義，告訴我們富有之人、高位之人並不一定是幸福之人，那麼從本質上來說，幸福與物質層面的聯繫較少，而更多的是與人的精神層面相關。

幸福更多的是人們對現實中自己所處的地位與價值的一種肯定與滿足。缺少了這種肯定與滿足，必然會導致精神上的痛苦。而當痛苦過多、積壓過重時，人的幸福感就很容易消失，取而代之的是對生活的失望與沮喪。所以，做一個幸福的人，首先要學會控制自己的情緒，在生活中積澱對自我的肯定。

物質的過度貧窮是不容易產生幸福感的，但物質的過度充足也會產生幸福的危機感。經常有彩票中大獎的現實事件發生，我們會很容易被那些巨大的數字吸引，進而歎息。但又有誰去關注一個人突然暴富所帶來的幸福的失衡呢？往往是當一個人在突然得知自己獲取巨大財富而感到興奮的同時，會隨之產生惶恐、驚懼。如果不是這樣的話，中了巨額獎金的獲獎者為什麼會選擇一夜舉家搬遷呢？

其實事情遠不僅如此，暴富往往會打破原有家庭的寧靜，困惑和焦慮之後，他們需要花很長一段時間重塑新的幸福感。

我們的幸福來源於對現實的認知，我們的不幸福感常來自於心靈的缺失感。我們常常會放大自己的缺失，進而產生自己不幸福的感覺，於是對自己所擁有的視而不見。街邊的乞丐照樣有迷人的微笑，陶淵明的自我認識對他的幸福感的產生就有很大的作用。

嘗試調節自己的內心，只有能駕馭得了自己的情緒，你才能駕馭自己的人生。學會勇敢地面對，將人生的酸甜苦辣看作豐富人生的調味劑，如此做一個幸福的人也就很容易了。

就像我們現在，手捧一本書沉浸其中，品讀古今中外的文化知識，不正是在享受幸福嗎？

如果幸福是一粒渺小的種子，那麼感恩的心便是土壤，自信猶如水源，而無私則是陽光。將幸福的種子植根於感恩的土壤，用自信之泉澆灌，用無私之光照耀，我們的內心就會長出鬱鬱蔥蔥的幸福大樹。

如果幸福是一條平凡的小船，那麼感恩的心便是大海。自信作帆無私成風，將幸福的小船放在感恩的大海裡，揚起自信的風帆，吹起無私的海風，我們看到幸福的小船劈波斬浪、揚帆遠航。

其實，幸福並不是那麼遙不可及。當我們懷著一顆感恩的心，當我們充滿自信，當我們無私地為他人著想，我們都會驚奇地發現，自己早已被幸福感圍繞，做一個幸福的人，原來真的很簡單。

★沒有目的地的船，永遠不可能遇上順風！

# PART 10

## 不氣餒，就能獲取更多正能量

不管生活給予你什麼，請相信每天都是新的開始，不必氣餒，也別迷茫，趁著明媚的晨光，開啟全新美好的生活；享受晨光，擁抱生命的每一段精彩旅程；追逐晨光，追逐含苞待放的夢想；擁抱陽光，擁抱你所擁有的一切……

## 01 每一天都是一段新的旅程

人生最幸福的事情是什麼？問到這個問題的時候，大家往往會做出很多不同的回答，可見每個人對「幸福」的理解都是不同的。

有的人會認為，自己和相愛的人在一起就是幸福。也有人會認為，平時吃穿不愁就是幸福。還有人會說，每天起床自己還活著，那就是幸福！

其實幸福很簡單，簡單到你做每一件事的時候，都會和幸福有關聯，但即便是這樣，還是有人會經常感覺迷茫。

他們迷茫的是，為什麼自己總是感覺不幸福呢？而自己身邊的人，又為什麼總是那麼幸福呢？

說起來，幸福是一個源自於我們內心深處的感覺。每次當我們因為一些悲慘的事情感到不幸福的時候，我們都會被一種負能量包圍，因此，我們透過負能量所看到的世界都顯得特別痛苦。

其實，這種負能量並不是一成不變的，有時候我們的負能量很快就消失了，但我們還總是解不開自己的心結，因而依然感覺痛苦。

凌翔不知從什麼時候開始，心情變得很差，他感覺自己好像身心都受到壓力的折磨，快要崩潰了。

這件事情還要從凌翔畢業後開始說起。那時候凌翔剛找到一份司機的工作，有了工作後家裡就逼著他四處相親，他總是覺得自由戀愛才會幸福，所以他對相親這種事不太感興趣。

但也正是因為相親，凌翔遇到了他的第一個女朋友，她名叫亦芬，是一家公司的總經理助理。凌翔的家裡人對亦芬也非常滿意，覺得這個女孩似乎就是凌翔命中註定的另一半。可是，讓凌翔沒有想到的是，亦芬的父母並不看好他們。

因為凌翔的工作收入微薄，亦芬的家裡人覺得他不可能照顧亦芬，於是主動去找凌翔談話，最終凌翔因為受不了壓力選擇和亦芬分手了。

分手後的凌翔一直陷入深深的痛苦之中，他也感覺自己的工作沒有前途，於是他經常遲到曠工，不久後就被公司辭職了。

遭受了工作和愛情的雙重打擊，凌翔的情緒跌入了谷底，也不積極地找工作，有事沒事還喜歡和以前的同學一起喝喝酒，家裡人勸他，他全當耳旁風。

時間轉眼過去了，凌翔這樣在家裡足足混了一年，他開始感到迷茫，認為自己這樣的生活就是在浪費生命，但他也沒有辦法，因為他不知道自己人生的轉機在哪裡。

終於有一天，有人敲開了凌翔家的大門，而站在門口的竟是亦芬。亦芬讓凌翔儘快找一份工作，因為她已經勸服了自己的父母，準備和凌翔結婚。凌翔非常高興，於是去找一家公司應聘了，讓他沒有想到的是，他應聘上了經理一職，經歷了迷茫和痛苦之後的凌翔，終於實現了自己的人生價值。

我們生活在世界上的每一天，實際上都是一個全新的開始，即使昨天擁有的是悲傷、失敗和痛苦，這一切都已經留給了昨天。我們要感謝今天、感謝陽光，因為只有睜開雙眼，我們才能意識到自己的幸福。幸福是我們還活著，現在就是一個新的起點，如果你想追尋到屬於自己的幸福，就從現在開始出發吧！

## 02 強大的內心是一切力量之源

每個人都想成為內心強大的人，或者說這樣的強大是成功、完美、受人景仰的。但是，現實世界中眾人嚮往的成功卻只屬於極少數人，或許我們也對這種成功仰慕已久，甚至為此夢斷天涯……

現實世界裡卻有太多的表面的成功者、自以為是的成功者，甚至自欺欺人的成功者，你和我有時也許也很難避免，也曾上演過許多荒唐的悲喜劇……

再怎樣有信心的人，也不見得永遠都能成功。可以說，成功給我們帶來的是可貴的觀念，它來自我們強大的內心，也生成了各種各樣的情感。成功的快樂是一種忍耐和積極的美德，你必須學會無時無刻不保持快樂；即使輸光了你的所有，你也必須立刻爬起來繼續前進，唯一不能失去的就是信心；你的成功價值總和等於你為別人帶來的價值總和，成功不是為了你自己；成功沒有捷徑、方法、工具，它來自你的信念、素質和良好的習慣……

如果你能明白或者有一天頓悟了，你就不會恥於粗茶淡飯甚至殘羹冷炙，你就不會躁動不安甚至衝動妄為，你就不會鼠目寸光甚至得過且過，你就不

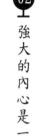

會毫無目標甚至亂衝瞎撞，你就不會無所事事甚至遊手好閒，你就不會奢侈縱欲甚至花光所有，你就不會眼高手低甚至好高騖遠，你就不會妄自菲薄甚至自卑可憐，你就不會胡作非為甚至窮兇極惡，你就不會怨天尤人甚至滿腔悲憤……

一個人，如果別人說你好，你就認為自己好，那很明顯，你是透過外界來證明自己的。這只能說明你的內心還不夠強大，你並不需要依賴外界對自己的評判，因為你想去證明自己的時候，你的內心已經強大無比了。內心足夠強大，不是盲目的阿Q精神，更不是狂妄自大，而是精神的柔韌。

徐志摩冒天下之大不韙追求自己的婚姻自由，不是偏執，不是自負，而是堅持自己心中的信念。

周遭容易混淆視聽的聲音太多，所以你要多傾聽內心的聲音，自己心中的方向才是最重要的。

一個駕馭不了自己內心的人，不可能做成什麼事情，所以每個人都要有一顆堅定、剛毅、強大的心。

不管遇到什麼事，冷靜才是最重要的。如果我們能在任何情況下做到波瀾

不驚、心平氣和，就已經是一件很不容易的事情了。人的心就像一匹野馬，一般來說，是野馬背著人到處亂跑，但是想要擁有一顆寧靜的心，就必須控制這匹野馬，讓它按照你的指揮走。

在很多時候，狂熱地處理問題，倒不如冷靜來得理智，冷一冷，退一退，很多事情都能看清楚了，不要輕易言進或者輕易言退。

遇到任何事情，在冷靜的基礎上客觀地面對，先從自己身上找原因，少怨恨別人。一個巴掌拍不響，自己必須要承擔應負的責任，一個能反思自己的人，才會取得進步。

## 03 你要對得起自己的生命

美國著名現實主義作家傑克・倫敦的名作《熱愛生命》發表後，引起了全國的巨大轟動，在接受華盛頓郵政記者採訪時，他意味深長地說：「一個人來到這個世上不容易，無論如何不能對不起生命。」

**的確，生命只有一次，珍貴無比，一輩子的光陰只有彈指間，沒有了生命任何東西都無用，所以人一生一世活著就要珍愛生命，對得起自己，對得起生命。**

經常會看到這樣的新聞報導，某地有人選擇了跳樓自殺，一年裡這類新聞不絕於耳，可見這些人對於生命的輕視，也可以看出他們在面對問題時的不理智，如果他們能平靜下來和自己的心靈聊一聊，又怎麼會衝動地做出輕生的事情呢？

人生不要被情緒綁架，一旦你的人生被情緒綁架，後果將是非常嚴重的，你根本無法控制自己的行動，會做出很多傷人害己的可悲之事。

人生不要被過去控制，決定你前行的，是未來；決定你成功的，是奮鬥；

決定你命運的，是自己；決定你幸福的，是知足；決定你快樂的，是豁達；決定你成熟的，是看透。

對得起自己，就不能虛度年華、無所事事。上天賜予我們生命，就要讓我們到這個世上做些事情，無論大事小事、難事易事，只要是有意義的就都要做。

要學會積極地思考，勇敢地出手。如果遇見情投意合的女性，該表白就表白，不要錯過人生的好姻緣，痛苦一生。遇到升職的好機會，要盡力爭取、公平競爭，智者上，智者得天下。每個人的生命都是可貴的，每個人都是平等的，不要為一點蠅頭小利而仰人鼻息，任人驅使如同犬馬。

要對得起生命，就要加強鍛鍊，增強體魄，擁有健康的身體。有的人整天沉醉於酒色之中放縱自己，有的人為了錢不惜犧牲身體的健康，有的人為了名利捆縛如牛負重，這些是對生命的踐踏，對不起生命，對生命不負責任，不珍惜地活著，是活著的死人，活得累，甚至英年早逝。

人活著就要活出氣質，活出品質，淡泊名利，順其自然，把健康放在第一位，把健康看成比黃金還珍貴的東西。人如果沒有健康，金錢、名利、地位又有何用？

要對得起生命，就要最大限度地發揮自己的能量，能活多精彩就活多精彩。

**有一句台詞：「人最痛苦的事是人死了錢沒花完。」可以看出，人生最痛苦的事莫過於有很多想法，但沒敢做一件事。**

珍惜生活，珍愛生命，活出有意義、有價值、有活力的人生，用平和的心態、上進的勇氣追求人生的幸福。你會發現，不迷茫的心態會讓生命的長河變得更加寬闊浩蕩……

## 04 坦然接受遠比掙扎拒絕輕鬆得多

在現實生活中，我們經常會面對很多不公平，我們也總是抱怨，為什麼我們的生命如此痛苦呢？但抱怨又有什麼用呢？

面對這個世界上所有的不公平，我們到底該怎麼去做，才能讓自己輕鬆一點呢？

威廉是個非常苦命的孩子，在他出生的時候父親因為車禍去世了，他甚至都沒有見過父親一面，父親就在這個世界上消失了。

威廉總是很沉默，他不願意與別人打交道，也不喜歡別人提起「父親」這兩個字。每次聽到有人談論關於「父親」的話題時，他總會感覺那是這個世界上最不友好的嘲諷。

母親一直辛苦拉扯著威廉，她知道威廉的內向性格是不正常的，於是和朋友商量，朋友給母親出的主意是，儘快給威廉找一個父親。

母親想了想，最終還是同意了。她在相親的時候遇到了一個和自己年齡相仿的男人，可以說兩個人是一見鍾情。在見面十天後，兩個人就決定閃婚。

而這時候的威廉總是感覺孤獨，因為他感覺，自己相依為命的母親也要拋棄自己了。所以，威廉開始意識到，自己應該吸引母親的注意力才行。於是，趁著母親準備結婚的間隙，威廉將母親精心準備好的禮服剪了個稀巴爛。

母親非常生氣，當著家裡親屬的面打了威廉。

威廉賭氣離家出走。就在一籌莫展的時候，他遇到了自己的一個同學——米爾。

米爾在一家小餐廳裡打工。他穿著一套比自己還大的圍裙，站在小餐廳裡擦著桌子，看到威廉後他就趕緊跑出來，然後天真無邪地問：「你怎麼了？」

威廉原本不想對米爾說的，但是米爾一直吵著要和威廉一起分擔，沒辦法，威廉只好把自己的經歷說了出來。

讓威廉沒有想到的是，米爾聽完後對威廉說：「其實，我和你差不多……」

威廉好奇地看著米爾說：「我們們差不多？你又沒有失去父親！」

米爾笑著對威廉說：「我失去了雙親。」

原來米爾的父母在米爾小時候，因為飛機失事而雙雙遇難。米爾從小就和爺爺奶奶一起生活，爺爺奶奶年事已高，他只能出來找份自己可以做的工作賺學費。

而威廉聽到米爾的經歷後，對他豎起了大拇指。

米爾趕緊無所謂地說：「其實，我們可悲的並不是失去了親人，而是總是無法放下這件事！與其總在心裡折磨自己，倒不如坦然接受一切！」

威廉聽完點點頭，然後對米爾說：「我知道了，但我總是感覺自己難以放下一切。」

米爾笑了笑，對威廉說：「你現在回家，然後擁抱你的媽媽，你會換回相應的愛，到時候一切都會迎刃而解了。」

威廉趕緊回家按照米爾說的做了，讓他沒想到的是，媽媽果然擁抱了威廉，並對威廉說，自己不準備結婚了。

而威廉卻說：「我倒是很想與這個新爸爸好好聊聊天。」

對於不可改變的事實，既然無法改變，就嘗試坦然地面對吧！因為坦然接受遠比掙扎拒絕要輕鬆得多。

坦然面對能讓我們告別自己的苦悶情緒，更能掃除我們眼前的迷茫，只有告別了苦悶和迷茫，我們才能勇敢地迎接真正的幸福。

# PART 11

## 平平淡淡的生活才是人生的佳境

一種磊落坦蕩的胸懷，容得下別人，容得下批評嘲笑，容得下一時的委屈，這樣我們才能容得下心中的大目標，才能為今後的成功奠定基礎。開闊心胸，容納萬物，看淡風雲，感恩人生。

## 01 過於完美的生活不一定會幸福

身邊總會有一些人，張口閉口都在抱怨自己的生活。其實，困苦潦倒的生活確實會讓人非常痛苦。當然，這也不是只有少數人所經歷的。可以說，幾乎所有人都曾有過這樣的經歷，人人都曾經歷過或深或淺的苦難，但我們這樣去抱怨生活，最終又能得到什麼呢？

有人總是說，現在並不是我想要的生活，我想要那種完美的生活，衣食無憂，最好要有幾個貼身保姆伺候，要有一個大房子，更要有個有錢的老公。

人們總是認為，這種人生才算是完美的，只有這樣生活，才不虛此生。

其實，過於完美的生活並不一定適合每一個人。如果你什麼都有了，過著比太后還要瀟灑百倍的日子，那麼你還會被這世界上的柴米油鹽吸引嗎？

不得不說，能有這種高追求的人，應該是神仙才對！

這時候，就會有人反駁了，你的意思是說，人們必須要經歷一些苦難才能幸福對嗎？

沒有苦難的世界，都是不完美的嗎？

不！我們不能否認，很多過著完美生活的人還是很幸福的，那是因為他們依然追求著自己渴望的目標，他們的眼前並沒有被迷茫的大霧遮蔽。

隨著年齡的增長，人們的心境都會發生變化。小時候，我們要走遍世界各地，想要自己去努力賺錢，但長大後，我們常常想要一步登天，一夜之間成為億萬富翁，我們對年輕時的那種純粹的理想也變成了一句空話。

莉莉今年二十五歲了，開始著急自己的終身大事。身邊所有的朋友都已經結婚了，而自己的男朋友連房子都沒有買。莉莉認為，這並不是自己想要的生活。

透過平時的接觸，莉莉感覺自己的男朋友似乎不是很上進，雖然喜歡他，但莉莉還是決定和男友分手了。

在失戀後的一段時間裡，莉莉始終都是一個人。朋友們看不過去，給莉莉介紹了一個高富帥，莉莉雖然開始有些不情願，但在朋友們的一再勸說下，她也就欣然同意了。

三個月後，莉莉和高富帥舉行了一場盛大的婚禮，婚禮也邀請了她的前男友。可沒想到的是，這段看似美好的婚姻，卻給莉莉帶來了巨大的陰影。

原因是，莉莉正和朋友們閒聊，就有幾個女孩子走到莉莉面前對她說，那個所謂的高富帥有很多女朋友，她不過也是其中一個罷了，更重要的是，高富帥和她結婚，不過是為了應付母親而想出的辦法。

開始莉莉並不相信，她覺得自己似乎很幸福，眼前想要的都有了。她住進了一所大房子，有了自己最喜歡的豪車，工作完全不用擔心，還有個帥氣的老公。

但是婚後不久，問題就來了。這個高富帥很少回家，即使回家，對莉莉也不冷不熱的，莉莉覺得自己好像成了一個看家的保姆。一次莉莉和朋友逛街的時候，碰巧看到自己的老公和一個身材纖瘦的女孩子一起逛街，這個場景完全將莉莉擊垮了。

她開始不斷安慰自己，這種生活只是暫時的，只要他玩夠了，一定會回來的。

而自己的前男友那邊，因為公司分配房子，他幸運地分到了一間，已經和自己的現任女友訂婚了，還準備一起去國外旅行。

莉莉感覺自己的生活雖然富裕，但在感情上面卻好像空了一大塊。

現今社會，像莉莉這樣的人並不少，他們一味地去追求所謂的物質滿足，但實際上生活卻已經傷痕累累。

過於完美的生活把我們變成了一隻金絲雀，我們被困在牢籠裡，沒有辦法找到屬於自己的真正快樂。所以，真理是平凡才是幸福，過於完美的生活，恐怕只能是在電影裡面了。

## 02 心胸寬闊才能遇事不迷茫

將軍額頭能跑馬，宰相肚裡能撐船。

大肚能容，容天下難容之事；慈顏常笑，笑天下可笑之人。

每個人都會遇到挫折，但不要因為一時受挫，而對自己的能力產生懷疑，應該保持頭腦清晰、勇敢面對、不要逃避。冷靜地分析整個事件，如果是自己存在的問題，就應該好好反省自己。

做人一定要昂首挺胸，而且要學會主動與他人交往。遇到挫折而氣餒的人，常常是失敗的表現，是沒有力量的表現，是喪失信心的表現，成功的人、得意的人、獲得勝利的人總是昂首挺胸、意氣風發。

遇到事情不煩不躁，儘量往好處想，凡事都要設身處地多為別人考慮，站在別人的角度再來看看這件事情到底錯在哪裡？

沒有永遠的困難，也沒有解決不了的困難，只是解決時間的長短而已。只要對自己有信心，任何困難就都難不倒我們。困難與人生相比，只不過是一種顏料，一種為人生增添色彩的顏料而已。

凡事看開點！讓自己過得開心點，心胸自然也就開闊了。凡事不要看得太重，要以平常心來面對，不要什麼事都往心裡去，否則不僅讓自己心裡不舒服，而且嚴重的可能會導致抑鬱或者狂躁，得不償失，沒有必要！

大地承受不住的東西，胸懷可以容納，雖然我們的心只有拳頭大小，但它和天地一樣也是沒有界限的。

大海，浩瀚無邊，遼闊壯美；一口井，狹小幽暗，視野淺窄。如果你希望自己的心靈是一片大海，那就推倒牆壁、開闊心胸吧！開闊的心胸，可以幫助你擁有開闊的視野、遠大的目標、不凡的氣度。在當今社會，又有多少人擁有博大的胸懷、不凡的氣度呢？人們可能會因為不滿而激烈爭論；因為微不足道的小事而大打出手；在菜市場因為短斤少兩而火冒三丈；在公共汽車上，因為擁擠而互相埋怨；在學校裡因為一點小事而爭論不休……

在我們還不認字的時候可能就會背誦「欲窮千里目，更上一層樓」的詩句，其實「欲窮千里目」不僅僅是我們的眼睛看到的外在的東西，更重要的是我們的心，它能看到多遠，取決於心靈的高度。一種磊落坦蕩的胸懷，容得下別人，容得下批評嘲笑，容得下一時的委屈，這樣我們才能容得下心中的大目標，才能為今後的成功奠定基礎。

開闊心胸，容納萬物，看淡風雲，感恩人生。

## 03 人生並不存在過不去的坎

其實，人的承受能力遠遠超出我們的想像，就像不到關鍵時刻，我們很少能認識到自己的潛力有多大一樣。

因此，當遇到困難的時候，困惑中要激發自己本能的力量，讓這種強大的承受能力戰勝心靈的迷茫，人生就沒有過不去的坎。

有這樣一位農村婦女，她十八歲那年結婚，二十六歲遇上日本侵略中國，在農村進行大掃蕩，她不得不帶著兩個女兒一個兒子東躲西藏。村裡很多人受不了這種暗無天日的折磨，想到了自盡，她得知後就去勸說：「別這樣啊，沒有過不去的坎，日本鬼子不會總這麼猖狂的。」

她終於熬到了把鬼子趕出中國的那一天，但是她的兒子卻在那段炮火連天的歲月裡，由於缺醫少藥，而且極度缺乏營養，因病夭折了。丈夫不吃不喝在床上躺了兩天兩夜，她流著淚對丈夫說：「我們們的命苦啊，不過再苦我們也得過啊，兒子沒了，我們再生一個，人生沒有過不去的坎。」

第二個兒子剛剛出生，丈夫因患水腫病離開了人世。這個打擊讓她很長時間無法振作，但最後她還是挺過去了，她把三個未成年的孩子攬到自己懷裡說：「媽媽還在呢，有我在，你們就別怕。」

她含辛茹苦地把孩子一個個養育長大，生活也慢慢好起來了。兩個女兒嫁了人，兒子也結了婚。她逢人便樂呵呵地說：「我說吧，沒有過不去的坎，現在生活多好啊。」

可是，上蒼似乎並不眷顧這位一生坎坷的婦女，她在照看孫子時不小心摔斷了腿，由於年紀太大做手術危險，她就只能每天躺在床上。兒女們都哭了，她卻說：「哭什麼，我還活著呢。」

即便下不了床，她也沒有怨天尤人，而是坐在床上做手工藝。她會織圍巾、繡花、編手工藝品，左鄰右舍都誇她手藝好，還來跟她學藝。

她活到八十六歲，臨終前，她對兒女們說：「都要好好過啊，沒有過不去的坎。」

人總是在坎坎坷坷中跌宕前行，在遭遇一次次重創後，才會重新認識自己的堅強和堅忍。所以，無論是曾經的遭遇，還是正在遭遇的磨難，都不要一味抱怨上蒼不公平，甚至因此一蹶不振。人生沒有過不去的坎，只有過不去

坎的人。

人生總有太多太多的起起落落，告訴自己不要迷失內心，放鬆心情，會過得更自在，也許這就是生活。

**其實，生活也是一種心境，窮也好，富也好，得也好，失也好，一切都是過眼雲煙，心情好，一切都好！擁有健康、平安、快樂的人生就好。**

過去的已然是過去，所有的過去都交給回憶珍藏吧。活在當下，自己還是看看眼前，仔細想想前方的路該怎樣走，認真踏實地走好腳下的每一步。

相信沒有過不去的坎，對自己說：嗨！加油啊！

## 04 用平淡的生活趕走焦慮的影子

一個中年男人覺得自己碌碌無為，連給女兒買一把小提琴的錢都拿不出來，他認為自己很失敗，感到焦慮極了。於是，他決定來到海邊，然後結束自己的生命。

他翻遍了身上所有的口袋，卻發現自己連車費都拿不出來。於是，他自嘲地笑了笑，開始徒步朝著大海的方向前行。

走了一天一夜後，中年男人感覺疲倦，也很餓。於是，他坐在路邊休息，這時候他身邊突然出現了一位老婦人，然後和藹地問他：「小夥子，看你的樣子，好像很疲憊啊！我家就在附近，要不你先去我家休息一下再趕路吧！」

中年男人想了想，然後對老婦人說：「也好。」

老婦人被中年人攙著一步步朝家的方向走去。中年男人本以為老婦人也是個苦命的老人，但沒想到老婦人竟然住在一個豪華的別墅裡。

「夫人，這是您的家嗎？」中年人難以置信地看著面前這棟不小的房子問道。

「是啊！這是我的家！」老婦人說：「準確地說，這是我祖父留給我的遺產。年輕的時候，我浪費了好多金錢，買了奢華的貂皮大衣、鑽石和珍珠項鏈，出入高檔的地方，吃過頂級的山珍海味。」

中年人感慨地說：「你這麼有錢，當然要過那種奢華的生活了。」

老婦人搖搖頭說：「我當年也是這樣想的，但是我卻因為過著奢華的生活而錯過了自己最好的一段愛情，現在我已經老了，膝下還沒有一兒半女。」

中年人聽完老婦人的話後，講述起了自己的生活。

老婦人聽完，認真地說：「其實，過奢華的日子，並不一定會幸福，我現在守著一座大房子，空蕩蕩的，如果我死在這間房子裡，可能都不會有人發現。」

中年人聽到老婦人的話，認真地點了點頭說：「我這次是要去海邊的，因為我覺得自己似乎永遠也不可能成功了！等我去到海邊，我就結束自己的生命。」

老婦人聽到中年人的話，想了想說：「不如這樣吧！我給你一些錢，你可以現在就去，但如果你到海邊後，改變了主意，你回來，我會告訴你一個秘密。」

聽到老婦人的話，中年人有些不解，但還是認真地點了點頭，對老婦人說了聲謝謝，接著就帶著老婦人給的錢離開了那棟別墅。

一路上，中年人都在認真地考慮，還沒到海邊，他就後悔了，他沒有再去找老婦人，而是帶著錢回了家，用老婦人給的錢買了一把小提琴送給了孩子。

一年後，中年人在當地成了一個小有名氣的商人。帶著孩子去見老婦人的時候，中年人有些忐忑不安，他要感謝老婦人的救命之恩，更要將當時老婦人借給自己的錢還給她。

但到了那座別墅後，他才聽說，老婦人已經去世了，而在她去世前將自己全部的財產捐給了這個過路的陌生人。

中年人看著老婦人的照片淚如雨下，不過讓大家沒想到的是，中年人並沒有接受老婦人的遺產，而將遺產全部捐了出去。

中年人說，他的困擾不過就是沒錢給女兒買一把小提琴，當時的他雖然生活很平淡，但也非常幸福。是老婦人給了他勇氣去面對生活的不易，也正是因為老婦人給的錢，他才有了奮鬥的目標。

**其實，富貴不是人生的全部，也不一定能收穫幸福的人生。只有平淡的生活，才能趕走所有的焦慮。與其焦慮地大富大貴，不如平淡地走完一生。**

★獨處，是一個人的狂歡；狂歡，是一群人的孤獨！

# PART 12

## 許多事情是因為你思緒迷茫才變得煩瑣

放鬆你的情緒，是你對自己的寬容，如果你將自己的情緒繃得太緊，你會發現，自己並不是那麼快樂，你總會被自己的情緒影響，生活也會被壞情緒逐漸打亂。放鬆可以給你帶去很多意外的收穫，如果你懂得放鬆的重要性，你的心態一定是非常好的。因為，在你緩解壓力的過程中，你已經戰勝了自己的焦慮心魔。

## 01 快樂的人，走哪條路都會快樂

做人，不僅要陽光、要自信，更要有一種平和的心態。做一個清澈的人，一個善良的人，一個坦坦蕩蕩的人。

有個朋友、有個知己、有個窩、有個伴、有點錢，人生就足夠讓我們感到愜意了。不要計較太多，讓快樂驅散內心迷茫的陰雲。

做一個快樂、幸福、知足的人，忘記年齡，忘記名利，忘記怨恨，忘記煩惱。

健康第一，活得糊塗一點，活得瀟灑一點，活得快樂一點。

健康是一個人的生命之本，是人生最重要的準則之一。一旦沒有了健康的身體，家庭、財富、名利、快樂、幸福都將變成水中花、鏡中月。

健康與我們的生活同行，健康與我們的生命同行，健康與我們的一切同行。

不因內心的迷茫而影響你的健康，當遇到挫折坎坷的時候，首先要為自身的健康著想，一旦你在消極的情緒中損害了健康，我們將失去翻轉的機會。

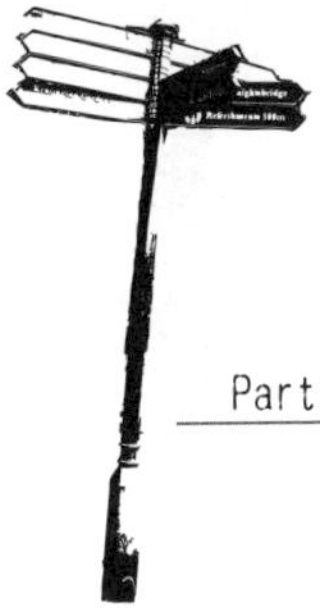



我們常常會在健康的時候已種下忽略健康的危機，總覺得自己年輕扛得住，等到真正失去了健康，我們才明白它的珍貴，那時候就晚了。

生活中不要計較太多，糊塗一點，讓自己的心隨風而動、隨雨而下，大事明白，小事糊塗，不要在瑣碎的事情上浪費太多的精力，為一些不值得的事困惑不已。

**瀟灑一點，讓自己有一個良好的心態，做人拿得起，做事放得下。人生在世，有得就有失，有付出就有回報，魚和熊掌不能兼得。**

有時你的付出不一定能得到回報，但自己要想明白一些，不要太苛求自己，生命總有自己的輪迴，上帝是公平的，它對每個人都是一樣垂青。你若是不停地盤算，為陷入得失而困惑，很可能連上帝都無法救贖你。

人生苦短，放輕鬆點，快樂一點，珍惜自己的生活，珍愛自己的生命，享受自己的人生，過去的就讓它永遠成為過去吧，希望總在未來，做人就會快樂。讓心自由地飛翔，忘記所有痛與傷，做一個快樂的自己。

忘記年齡，不要讓年齡成為自己變老的理由，不管我們多老，只要擁有良好的心態，只要我們還有自己的追求，別人怎麼看都和你無關，不要影響你的情緒就好。正所謂：走自己的路，讓別人去說吧。

忘記名利，名利是身外之物。我們都是平凡的人，每個人都希望自己有一份名，有自己的一份利，遇到不開心的事情，總認為是上帝對自己不公平，於是糾結不已，感覺前路迷茫。其實，簡單平凡的生活才是最大的幸福。

忘記怨恨，人活在世上，不可能沒有愛恨，也不可能沒有矛盾，但只要你好好想想，那個人值得你恨嗎？那個人值得你愛嗎？那個人值得你去怨嗎？其實，完全沒必要浪費自己的寶貴時間去憎恨一個不值得的人。恨一個不值得的人，是一件最愚蠢的事。

有個知己，在孤獨的時候可以找他說說話，在煩惱的時候讓心歇歇腳，給自己一個空間，讓自己的心靈擁有一份寧靜。

有個朋友，財富不是一個人一生的朋友，而朋友有時則是你一生的財富。人人都希望有朋友，沒有朋友的人是可憐的，但有一個真心的朋友是很難得的，朋友不在多而在精，所謂「人生得一知己足矣」「君子之交淡如水」，就是這個道理吧。

記住讓自己不迷茫的新生活準則：從今天起，做一個快樂的人，做一個知足的人，做一個幸福的人！

## 02 假想的失去會成為真正的失去

有的人總是喜歡給自己創造一個「失去」的環境，他們總是認為，自己失去了最不應該失去的東西，所以一次次在心裡折磨著自己。

很多人認為，這人肯定是有臆想症，要麼就是有被害妄想症，明明平靜的生活，總是在胡思亂想中度過，這不是虐待自己嗎？

其實，假想出來的失去會給人們的心理創造出一個不安全的氛圍，大家會覺得自己似乎已經失去了，那種不安分的感覺最終變成了一個個囚牢，然後將自己和身邊的人緊緊地鎖在裡面。

一旦那個你珍惜的對象感覺非常痛苦，他肯定會選擇離開你，最終使你陷入最真實的失去。當然，覆水難收這個道理是很真實的，人們不會再投身於牢籠，是因為人們本身就處於一個自由的環境中。你認為自己付出了時間、付出了一切去挽留這個人，但他還是離開了，這就是真正意義上的失去，而造成這種失去的人，也正是你。

一個女孩總感覺有一天會失去自己的男朋友，所以，她就像一隻受驚的小

貓一樣，警惕地觀察著男友的一切。

男友回家晚了，她會不自覺地偵查男友身上的所有線索，比如：他抽了幾根菸，身上有沒有不屬於自己的長髮，或者在哪裡沾上了陣陣的香水味。

男友和朋友吃飯，她時常會給那個朋友打去電話，臨時「查勤」。這樣長期下來，男朋友就感覺自己被女朋友關進了精心準備的籠子裡，成了一隻受她管制的寵物。

但女孩卻總是振振有詞：「如果我不把你看緊一點，你跑了怎麼辦？」

男孩子很無奈，於是用故意晚回家對抗女孩的監視。他經常會在朋友家喝酒聊天，有時候甚至整晚都不回家。

女孩自然不會容忍男友這樣放肆下去，所以，在男友回家後女孩和男友大吵了一架，甚至用分手進行威脅。這一次，男友竟然點點頭說：「好吧！分手吧！」

女孩很傷心，她認為男孩一定是有喜歡的人了。男友走後，女孩在家裡哭了好幾天，她不明白自己哪裡錯了，她感覺非常迷茫。

幾個月後，男友約女孩見面，女孩猶豫了一下，心想一定是男孩帶新的女朋友來見自己，想要羞辱自己，所以她拒絕了男孩。

那天晚上，男孩的朋友給女孩打去了電話，告訴她，一直以來男孩都沒有找新的女朋友，只是因為女孩的胡亂猜忌讓男孩覺得身心俱疲。

女孩子聽完後，感覺非常後悔。

其實，這種情況在生活中很多見，多數情侶都遇到過類似的問題，在一起的時候互相猜忌，但真的分手了，又誰都離不開誰。

其實，這種假想出的失去就是自己沒有安全感。人們總是會把事情想像得非常複雜，甚至有時候會憑空揑造出一些事情來折磨自己，這種情況往往會讓自己感覺痛苦萬分，但又找不到一種合適的解決辦法。

其實，要想生活不那麼迷茫，不如學著去相信事實，多追求一些輕鬆的結果，才能逐漸恢復到最佳狀態。

## 03 別以為過度的犧牲就會得到幸福

幸福是一種能力。人們要知道，真正的幸福，並不是外界給予的，而是來自於我們內心深處的。

曾有人說過這樣的話：「你的幸福掌握在你的手中，只有你自己去尋找，才能找到其中的真諦。」

而我們現在所面臨的問題，常常與這句話背道而馳，大家都感覺，似乎只有犧牲自己或者過度地付出，才能收穫幸福。

不得不說，這真的是人們的一個美好設想，因為對幸福的渴望遮蔽了我們的雙眼，使我們陷入了迷茫，一時不知道什麼才是真正的幸福。

其實說起來，人人都在尋找幸福，而且每個人對幸福的理解都不一樣。有的人認為，作為一個追求幸福的人，一定要先學會付出自己的一切，這樣才能收穫別人帶給自己的幸福。

但是，你可曾想過，如果你盲目過度地去奉獻、去犧牲，你自己的人生價值還能剩下多少呢？

曾有情感專家認為，人與人的交往一般是越付出越疏遠。簡單地說，如果一位母親，從一開始就對孩子們說：「我為你付出了多少，你應該回報我多少！」那麼孩子身上的確會背上責任，但是他們發自內心的東西會越來越少了。如果這位母親總是這樣對孩子說教，那麼不久後孩子就會對這件事產生抗拒，久而久之母親想要的幸福沒有得到，還從孩子身上感覺到一陣陣冰冷。

一個年輕人總會對大家抱怨說：「為什麼我對女朋友那麼好，掏心掏肺地對她，可是她總是對我忽冷忽熱呢？」

朋友們不理解地問：「你怎麼對你的女朋友掏心掏肺了？」

年輕人想了想說：「我口袋裡有一百塊錢，我會把九十塊錢都給她，我給她買貴的衣服、貴的包，自己卻穿得非常寒酸，我如此犧牲自己，她竟然都不在意嗎？」

朋友們聽了年輕人的話，肯定地點點頭說：「這就是你的問題了！你不要以為過度的犧牲就能得到你想要的幸福！人都是有感知能力的，如果你沒有感動她的心，她根本就不會為你在她的生命裡留下過多深刻的印象。」

「你的意思是，我還做得太少嗎？」年輕人輕聲地問道。

說。

「當然不是！相反地，是你做得太多了！」朋友們說。

「太多了？可是，我不付出的話，她早就和我分手了！」年輕人認真地說。

朋友們對年輕人認真地說：「你不妨嘗試一下，把自己的犧牲精神收起來，用平常心去對待她。」

年輕人猶豫地點了點頭。

一個月後，年輕人來找朋友說：「你的方法太好了，現在我女朋友總是很關心我，我們之間的關係也好了很多。」

朋友說：「人與人之間就好像一對相斥的磁鐵，你越是靠近，她就越是遠離，正確的做法是你們之間保持一個合理的關係，讓兩個人之間的關係保持平衡。」

實際上，每個人都有其自身價值，如果你總是過度地為別人犧牲，那麼你的自身價值就會減少。我們都能認識到一個問題，幸福掌握在自己的手中，而不是別人手中。你如果一味地去附和，好像不斷往杯子裡面添水，那麼終有一天杯子裡的水會溢出來，到時候不過是白白浪費自己的感情。

所以，想要不迷茫的活法，不妨從自己開始。不要想得太多，總去惦記別人是不是需要你的付出，要知道，許多事情正是因為你的胡思亂想，最後才變得一團糟。

## 04 胡思亂想正是苦難的來源

為什麼有的人總會感覺非常痛苦呢？是因為他真的經歷了很多痛苦的事嗎？但為什麼又不覺得他真的有什麼痛苦的事呢？

如今，我們總是有人有這樣的抱怨，似乎在我們的生活中隱藏了許多看不到的危險。可當真說起來，又會感覺這些事情根本算不上什麼。

那麼難不成這些事情都是別人臆想出來的嗎？

曾經看過一條這樣的新聞，一個男人沒工作了，原本就不富裕的家庭變得更加清貧。妻子在一家小工廠上班，每個月的薪水很少，僅僅夠孩子上學所需的開銷。

男人接連找了幾份工作，但是都因為工作壓力太大而選擇了放棄。家裡也是吃了上頓沒下頓，看著老婆孩子經常挨餓，男人覺得有些愧疚，但是他認為工作一定會找到的，但那些高階的工作真的不適合自己。

又過了一段時間，男人還是沒有找到工作，他的妻子覺得再這樣下去，可能孩子連學都沒得上了，於是她向工廠提出，一人連做兩個班。

為了怕男人擔心，妻子沒有將自己同時做兩個班的事情告訴男人。她每天早出晚歸，有時候因為工作太忙，還經常會加夜班。

一個月後，妻子拿回了雙倍的薪水。男人以為，這是妻子的獎金，也沒太在意。

因為家裡的生活有所好轉，丈夫就不著急去找工作了，反而在家裡經常和幾個以前的老同事喝酒。一天，其中一個同事對男人說：「我最近看見你老婆晚上總是和一個男人在一起，她最近都不在家嗎？」

男人聽完不以為意地說：「那是她的同事，有時候我老婆加班，他們就一起回來。」

同事將信將疑地說：「你可小心點啊！別讓老婆給你戴了綠帽子！我還看見他們每天都會去一家賓館呢！」

男人雖然嘴上說無所謂，但心裡還是感覺有些奇怪，於是趁著妻子下班的時候，到工廠門口等妻子。

果然，那天妻子和一個同事一起從工廠裡面走出來，還有說有笑的。

男人雖然表面上沒有表現出來，但是心裡卻泛起了陣陣猜疑。接連的幾

天，每天男人都會去工廠門口等妻子，而妻子也是每次都會和那個同事一起出來，而且最讓男人不能理解的是，他們每天下班後都會去一家賓館。

男人心裡就更加疑惑了。又過了一個月，妻子又拿回了一筆豐厚的薪水，這讓男人更加疑惑了。

去工廠一打聽，工廠說並沒有獎金這回事。於是，男人就不分青紅皂白拿著刀去找妻子算帳，妻子也被男人嚇了一跳，但還是苦口婆心地向男人解釋。男人這時候完全聽不進去，在拉扯間不小心將刀刺向了妻子的腹部。

妻子因為傷勢過重而去世，丈夫也得知了事情的真相，原來妻子因為每天下班晚，剛接兩個班的時候，回家的路上身上的錢被人搶走了，之所以沒有告訴丈夫，是不忍心丈夫每天半夜出門接自己。而她的同事知道了這件事，就主動提出一起同行，每天妻子都會和這個同事一起去賓館接同事的妻子下班，然後他們再將妻子送回家，所以才出現了那一幕。

丈夫知道真相後，非常後悔，但無論如何，他的後悔什麼都換不回來了。不得不說，這個丈夫的不理智源於他對妻子的胡亂猜想，他給自己臆想出了一個不安全的環境，也正是在這種情狀中，人們的生活才變得越來越痛苦。

要想生活美滿，其實最好的辦法就是坦蕩地面對。人都有胡思亂想的時候，不得不說，正是因為這樣的胡思亂想，才最終葬送了許多人的美好生活。

## ★附錄：心理定律：做好人際關係的人性法則

### ▲互惠原則

當他人做出友好姿態以示接納和支持我們時，我們會覺得「應該」對別人報以相應的行為，進而產生一種心理壓力，迫使我們對他人也做出相應的友好姿態。否則，我們以某種觀念為基礎的心理平衡就會被破壞，我們就會感到不安。在問他人能給與我們什麼之前，先問自己能給與他人什麼？

人是三分理智、七分情感的動物。大量研究發現，人際關係的基礎是人與人之間的相互重視與相互支持。也就是人們常說的「給予就會被給予，剝奪就會被剝奪；信任就會被信任，懷疑就會被懷疑；愛就會被愛，恨就會被恨。」這就有了互惠原則。

當他人做出友好姿態以示接納我們時，我們會覺得「應該」對別人報以相應的行為，進而產生一種心理壓力，迫使我們對他人也做出相應的友好姿態。否則，我們以某種觀念為基礎的心理平衡就會被破壞，我們就會感到不安。

## ▲翹翹板原則

人與人之間的互動，就像坐翹翹板一樣，不能永遠固定在某一高度，只有高低交替，整個過程才會好玩，才會有趣，才會快樂！一個永遠不願吃虧、不願讓步的人，即使得到不少好處，也不會快樂的。

「助人為快樂之本」這句話做了最貼切的詮釋，人與人之間的互動，就像坐翹翹板一樣，不能永遠固定在某一高度，只有高低交替，整個過程才會好玩，才會快樂！

一個永遠不願吃虧、不願讓步的人，即使得到不少好處，也不會快樂。因為，自私的人如同坐在一個靜止的翹翹板頂端一般，雖然維持了高高在上的優勢位置，但整個人際互動卻失去了應有的樂趣，對自己或對方來說，都是一種遺憾。

所以，「翹翹板原則」是我們在同僚、朋友、夫妻……之間相處時，不可缺少的一門藝術，學會此原則將可增添人生上的種種優勢。

## ▲照鏡子定律

你怎麼看世界，世界就怎麼看你。你是怎樣的，你的世界就是怎樣的。你喜歡別人，別人也會喜歡你；你不喜歡別人，別人也不會喜歡你。你愛錢，錢也會愛你；你不愛錢，錢也不會愛你。看人就像照鏡子，看到的都是自己。說別人的是非就像是對著山谷罵，罵聲總會反彈到自己耳邊。

在人際交往中，每個人都希望遇到天使般熱情善良的人，為自己帶來幸運和快樂，而不喜歡和冷漠兇惡的人打交道。但是，在現實生活中，天使和魔鬼同在，有時候，善良的天使也可能會變得和魔鬼一樣，而兇惡的魔鬼也可能會像天使一般。那麼，我們該如何讓自己多遇到一些天使，而少遇到一些魔鬼呢？

在生活中，常有人抱怨或周圍的人與自己不融洽，所以就想藉由換工作環境，或交新朋友來改變尷尬的境遇。但他們卻很少反省自己人際關係的不順暢，究竟是自己的因素，還是別人的因素所造成的呢？把別人想像成天使，你就不會遇到魔鬼。

### ▲第一印象效應——心理學家庫利、戈夫曼

最初接觸到的資訊所形成的印象，對日後的行為活動和評價有著直接的影響。人只要神志正常，沒有不要面子的，都想在人前保持「形象」，他甚至願意為此付出一定代價。

兩個素不相識的人，第一次見面時彼此留下的印象，對日後的行為活動和評價有著直接的影響，心理學家稱這種影響為「首因效應」，亦稱「第一印象效應」。

「首因效應」是雙方再次交往的依據，如果當下留下的是正面、良好的印象，人們會希望繼續交往，增進關係；而若是負面、不好的印象，人們則拒絕繼續交往。

第一印象效應在生活中具有很大作用，留下良好的第一印象是眾人皆知的道理。根據第一印象效應，心理學家庫利、戈夫曼等人提出了印象管理，認為一個個體總是希望獲得別人或社會的贊同，並想控制社會交往的結果。所以，我們每個人都非常注意自己在他人面前和社交場合中的形象。這種形象

包括語言、態、穿著、動作等。

因此，我們一方面要透過提高自身修養來塑造良好形象，另一方面，我們還必須懂得「以貌取人，失之子羽」和「士別三日，刮目相看」的道理，防止犯上「印象病」。

## ▲模仿效應

人們喜歡與自己相似的人，掌握了這個原則，我們要取得別人的好感就有捷徑可走。我們只需模仿他人的行為就能增進情感，並能鞏固與當事人之間的關係。

心理學家發現，人們在下意識裡喜歡那些與自己相似的人。不管他們是在行為、觀點、興趣愛好，還是生活方式上與我們相似，又或者僅僅是共處於同一個區域，這些都會使我們對他們心存好感。許多研究證實，相似性與喜歡之間有直接聯繫。受試者認為，他人越是與自己相似，自己便越是喜歡這個人。在一項研究中，研究開始時那些在信念、價值觀和個性品質上相似的人，在研究結束時都成為了好朋友。

心理學家對相似性原則有兩種解釋：一種解釋認為，相似的人肯定了我們自己的信念、價值觀和個性品質。相似的信念、價值觀和個性品質發揮了正強化作用，而不相似的信念、價值觀和個性品質則產生負強化的作用。這種正負強化作用透過條件反射過程與具有這些特點的人聯繫起來，結果就造成了人們喜歡與自己相似的人。

不管心理學家做什麼解釋，人們喜歡與自己相似的人是毋庸置疑的。

國家圖書館出版品預行編目(CIP)資料

不迷茫：找對人生方向的12堂心理課 / 何震作. -- 初版. -- 新北市：華志文化, 2016.09
面； 公分. --(全方位心理叢書；18)
ISBN 978-986-5636-61-6(平裝)

1.自我肯定 2.自我實現
177.2　　105011404

華志文化事業有限公司
系列／全方位心理叢書018
書名／不迷茫：找對人生方向的12堂心理課

作者　何震
執行編輯　簡煜哲
美術編輯　楊雅婷
封面設計　王志強
文字校對　陳麗鳳
企劃執行　康敏才
總編輯　黃志中
社長　楊凱翔
出版者　華志文化事業有限公司
電子信箱　huachihbook@yahoo.com.tw
地址　116台北市文山區興隆路四段九十六巷三弄六號四樓
電話　02-22341779
印製排版　辰皓國際出版製作有限公司

總經銷商　旭昇圖書有限公司
地址　235新北市中和區中山路二段三五二號二樓
電話　02-22451480
傳真　02-22451479
郵政劃撥　戶名：旭昇圖書有限公司（帳號：12935041）

出版日期　西元二〇一六年九月初版第一刷
書號　C318

圖片文字引自葉威壯著（醍醐灌頂的一句話：從一個激勵、一份療癒開始的簡單力量）

華志文化